Udo Bermbach

—

Der anthroposophe Wagner

wagner in der diskussion

Band 23

Udo Bermbach

Der anthroposophe Wagner

Rudolf Steiner über Richard Wagner

Königshausen & Neumann

Bibliografische Information der Deutschen Nationalbibliothek

Die Deutsche Nationalbibliothek verzeichnet diese Publikation in der Deutschen Nationalbibliografie; detaillierte bibliografische Daten sind im Internet über http://dnb.d-nb.de abrufbar.

Gedruckt auf säurefreiem, alterungsbeständigem Papier
Umschlag: skh-softics / coverart
Umschlagabbildung: Rudolf Steiner, 1916, Foto Otto Rietmann,
Rudolf Steiner Archiv, Dornach, Schweiz

Printed in Germany
ISBN 978-3-8260-7463-9
www.koenigshausen-neumann.de
www.ebook.de
www.buchhandel.de
www.buchkatalog.de

Inhalt

Wie alle meine Arbeiten ist auch diese meiner Frau Doris gewidmet. Sie hat die Entstehung miterlebt, hat den Text noch gelesen, ist jedoch am 14. Juni 2021 verstorben, noch bevor das Buch erscheinen konnte. Ihr verdanke ich unendlich viel; sie hat in den 60 Jahren unserer Ehe zum einen alles von mir ferngehalten, was mein Arbeiten hätte wesentlich einschränken können, hat andererseits an allem teilgenommen, was mich beschäftigte, war auf nahezu allen Kongressen und Vorträgen dabei, auch natürlich über 35 Jahre bei den Festspielen in Bayreuth, wo ich im Jahre 2000 für Jürgen Flimm das Konzept zum *Ring* entworfen habe, nicht ohne ihr engagiertes Mitdenken. Sie war ein außergewöhnlicher Mensch, hat mir immer wieder wichtige Anregungen gegeben und jene Ruhe und Kraft in mein Leben gebracht, ohne welche wissenschaftliches Arbeiten nicht möglich ist. Sie wird bei mir sein, auch wenn sie gehen musste.

Vorwort

Richard Wagner hat schon zu Lebzeiten eine ihn kompromisslos vergötternde Anhängerschar um sich gesammelt, die im *Bayreuther Kreis* eine verschworene Gemeinschaft bildete und wesentlich dazu beitrug, den Komponisten weltberühmt werden zu lassen. Seine neuartige Kompositionstechnik wie auch seine germanisch-mythologischen Stoffe räumten ihm sehr bald unter den deutschen, auch europäischen Komponisten eine sowohl Außenseiter-Rolle als auch eine starke, unter allen Künstlern hervorgehobene besondere Position ein. Die Tatsache, dass er sich in seiner Dresdner Zeit politisch radikal für eine konstitutionelle Monarchie engagierte, dass er mit sozialistischen und anarchistischen Systemveränderern gut befreundet war und mit ihnen auf den Barrikaden stand, dass er selbst nur knapp einem Todesurteil wegen Hochverrats entgangen war, in die Schweiz nach Zürich flüchtete, steckbrieflich gesucht wurde – das alles legte eine ehrfurchterregende Aura um ihn. Wagner war eine ganz und gar außergewöhnliche Erscheinung, anziehend einerseits auf Künstler, die ebenfalls unangepasst lebten, andererseits eher abschreckend auf die durchschnittlichen Bürger, denen die Selbststilisierung und der Lebensaufwand Angst machten.

Dass die Kunst Richard Wagners wie auch seine Hofhaltung in Wahnfried weit über den Kreis der engeren Wagnerianer hinaus starke Wirkungen entfaltete, hat jüngst noch einmal das voluminöse Buch von Alex Ross deutlich gemacht.[1] In einem Kapitel über *Theosophie* wird dem Einfluss Wagners auf einige führende Theosophen nachgegangen, zunächst auf die Begründerin und Hauptvertreterin dieser esoterischen Lehre, die Deutsch-Russin Helena Petrovna Blavatsky, die unter anderem lehrte, alle Religionen seien in ihrem Kern gleich; sie brachte Yoga, Meditation und die buddhistische Lehre in den Westen. Unter dem Einfluss ihres Arztes William Ashton Ellis wandte sie sich auch Wagner zu und meinte, Wagner sei „sowohl Mystiker als auch Musiker“, der „tief in das

---

1 Alex Ross, Die Welt nach Wagner. Ein deutscher Künstler und sein Einfluss auf die Moderne, Hamburg 2020.

innere Reich des Lebens" eingedrungen sei.[2] Ellis seinerseits war Wagnerianer, der zahlreiche Wagner-Texte ins Englische[3] übersetzte und vor allem auf Gemeinsamkeiten hinwies, die er zwischen Wagners *Parsifal* und der theosophischen Lehre sah. 1888 publizierte er einen Aufsatz unter dem Titel *A Glance at Parsifal*, in dem er Wagners Gral als „die göttliche Weisheit aller Zeiten"[4] bezeichnete und im *Parsifal* eine Verbindung von westlichen und östlichen Weisheitslehren sah, eine Verbindung von Jesus Christus und Gautama Buddha. Der Gral befinde sich, so Ellis, an einem Ort, „von dem Zeit und Raum geflohen seien." Diese spirituelle Verbindung zwischen Ost und West sah auch Blavatsky, die allerdings den Einfluss des Östlichen stark betonte. Mitglieder der 1875 in New York gegründeten Theosophischen Gesellschaft analysierten die Wagnerschen Musikdramen als Beispiele für die Verbindung von westlichen und östlichen Denktraditionen. Basil Crump, ein englischer Rechtsanwalt für Seerecht, und Alice Leighton Cleather, Tochter eines Geistlichen aus dem Umfeld von Blavatsky, veröffentlichten gemeinsam vier Bände über Wagners Opern und sahen im *Parsifal* die Verbindung zwischen östlicher und westlicher Spiritualität. Aber nicht nur der *Parsifal*, sondern auch *Tristan und Isolde* wurden in die theosophische Lehre einbezogen, weil hier die Verschmelzung der Geschlechter in der Liebe einen zentralen Topos traf, den auch die Theosophen vertraten.

Ross verweist ausführlich darauf, dass Veranstaltungen der amerikanischen theosophischen Gesellschaft oft mit Wagner-Musik begleitet wurden. Eine Tagung, die 1897 im Konzertsaal des Madison Square Garden stattfand, wurde mit Orgelmusik aus dem *Parsifal* eröffnet, in anderen Veranstaltungen kamen „bis zu tausend Menschen in die Säle [...]. Es wurden Auszüge aus Wagners Musik gespielt, allerdings in kleiner Besetzung. Nach dem Vorbild des unsichtbaren Bayreuther Orchesters blieben die Musiker hinter einem Paravant verborgen. [...] Laterna-Magica-Bilder von *Lohengrin*, dem *Fliegenden Holländer*, *Parsifal* und anderen Wagner-Helden flackerten vor den Augen des Publikums."[5] Im *Parsifal* sah diese okkulte Bewegung die Theatralisierung ihrer Überzeugung,

2 Ebenda, S. 214. Hier auch die folgenden Zitate.

3 Ebenda, S. 213ff.

4 Ebenda, S. 214.

5 Ebenda.

denn dessen Protagonisten vereinte die Eigenschaften von Christus und Buddha, und der Gral, Symbol der göttlichen Weisheiten über alle Zeiten hinweg, befand sich sicher vor den Händen Ungläubiger dort, wo ‚Raum und Zeit' nicht mehr existierten.

Rudolf Steiner, der zunächst auch in der theosophischen Bewegung[6] von Helena Blavatsky engagiert war, ab 1902 deren deutsche Sektion leitete und noch im selben Jahr sogar Generalsekretär der Deutschen Theosophischen Gesellschaft wurde, in dieser Eigenschaft zahlreiche Vorträge hielt, verließ 1912 diese Bewegung, um seine eigene anthroposophische Gesellschaft zu gründen, in der Wagner ebenfalls eine wichtige Rolle spielen sollte. Was Blavatsky für die amerikanische Theosophie in Sachen Wagner befördert hatte, übernahm Steiner in die anthroposophische Gesellschaft. Die erhob gegenüber den Theosophen den Anspruch, auf der Basis der modernen (Natur-)Wissenschaften eine Verbindung von Wissenschaft, Kunst und Metaphysik zu erstreben. Zusätzlich sollte durch übersinnliche „Schauungen", die Steiner aber als wissenschaftlich basiert verstand, das moderne Wissen entscheidend erweitert werden. Sein Biograph Ullrich fasst die Intentionen Steiners wie folgt zusammen: „Das fundamentale Anliegen von Steiners Werk ist die Erneuerung der mysthischen Erfahrung in einer wissenschaftlichen Kultur, denn es geht ihm im Kern um die Vereinigung der inneren geistigen Welt der Person mit dem in Natur und Geschichte sich offenbarenden göttlichen All-Einen inmitten eines geistvergessenen, positivistisch-materialistischen Zeitalters."[7] Das war, nebenbei bemerkt, eine Haltung, die ihn mit der Wagners verband, denn dessen Abscheu vor der modernen Dekadenz einer nur an Luxus und Vergnügen interessierten Gesellschaft, die revolutionär verändert werden sollte und vor einer Wissenschaft, die – wie das Beispiel der Vivisektion besonders drastisch zeigte – jedes Mitleid mit der gequälten Kreatur vermissen ließ, weil das Wissen um die „Einheit alles Lebenden"[8] und der Rekurs auf das „Reinmenschliche"[9] verloren ge-

---

6 Über die Theosophie und ihre Geheimlehre vgl. Heiner Ullrich, Rudolf Steiner. Leben und Lehre, München 2011, S. 43ff. Vgl. auch Helmut Zander, Anthroposophie in Deutschland, Bd. 1, Göttingen 2007, S. 75ff.; 545ff.

7 Heiner Ullrich, Rudolf Steiner, S. 97.

8 Richard Wagner, Religion und Kunst, in: Gesammelte Schriften und Dichtungen (im Folgenden: GSD), Bd. 10, S. 212.

9 Ebenda.

gangen war, stimmte mit Steiners Intention überein. Gegen solche Verhältnisse der „Entartung“[10] kämpften beide an und Steiner fand in Wagner einen Verbündeten, der überdies, wie er glaubte, zu den Mystikern zu zählen war und manches vorgeahnt hatte, was die Anthroposophie nun lehrte, ohne dass er bereits in deren Begrifflichkeit dachte. In seiner Wagner-Adaptionen machte Steiner den Komponisten, wie noch zu zeigen sein wird, zu einer Art Vorläufer seiner eigenen Weltanschauung, und so sind denn auch seine Auslegungen der Schriften und Musikdramen Wagners darauf gerichtet, deren vermeintlichen anthroposophischen Kern frei zu legen.

Steiner hat die Bayreuther Festspiele 1914 zum ersten Mal besucht.[11] Er reiste zusammen mit Marie von Sivers, seiner engsten Mitarbeiterin, die am 24. Dezember 1914 seine zweite Frau wurde, am 1. August 1914 nach Bayreuth, um dort den *Parsifal* zu hören.[12] Es waren die Tage unmittelbar vor dem Kriegsausbruch und Marie von Sivers notierte darüber plastisch die Aufregung, die damals herrschte: „Noch bevor Bayreuth erreicht war, im Nürnberger Bahnhof, füllte sich der Zug mit Militär. Ein Brausen stieg aus den Hallen des Bahnhofs, ging durch die Gänge des Zuges. Der Krieg war ausgebrochen. In Bayreuth trat der eben einberufene berühmte Sänger Kirchhoff noch einmal als Parsifal auf, um dann noch am selben Abend seinem Bestimmungsort entgegenzueilen. Inzwischen hatte unsere Gastgeberin, Frau Helene Röchling, deren Chauffeur sich auch stellen mußte, und die noch von ihren Söhnen in Mannheim Abschied nehmen wollte, ein großes offenes Auto heranschaffen können, das nun mit unheimlicher Schnelligkeit durch die fahle Naht sauste. An jeder Brücke erscholl ein „Halt“ von den dort stehenden Wachposten – ein „Halt“ wurde des Öfteren mitten auf dem Wege zugerufen, und herein sprangen ins Auto erregte Männer, die Fragen stellten und Mienen prüften, und auch manchmal eine Strecke, auf dem Trittbrett stehend, mitfuhren – glücklicherweise sich meistens mit den Antworten und den Aus-

---

10 Ebenda, S. 230. Der Begriff der Entartung stammt von dem jüdischen Arzt und Schriftsteller Max Nordau, der eine kulturkritische Schrift, fernab dem späteren Gebrauch dieses Begriffs durch die Nationalsozialisten, mit diesem Titel 1892 publizierte. Eine Neuauflage ist seit 2013 verfügbar.

11 Auskunft des Rudolf-Steiner-Archiv, Dornach.

12 Christoph Lindenberg, Rudolf Steiner. Eine Chronik 1861–1925, Stuttgart 1988, S. 353.

weispapieren Dr. Steiners zufrieden gebend. In den Morgenstunden erreichten wir den Stuttgarter Bahnhof. Eine unglaubliche Menge wogte darin. Zug nach Zug ging ab. Stundenlang stand man vor dem geschlossenen Gitter, eingekeilt in der Menge, und brach fast zusammen vor Müdigkeit. [...] „Was seid ihr für Leute?", fuhr der die Ausweise verlangende Beamte [...] mich an. [...] Aber bevor ich antworten konnte, wies Dr. Steiner mit gewinnender Zuvorkommenheit seinen österreichischen Paß vor, hinzufügend: „Wir kommen aus Bayreuth". [...] An der endlich erreichten Zollamtsstelle der Schweizer Grenze brachte der mit uns gereiste Dr. Grosheintz sein Schwyzer-Dütsch eindringlich vor und auf die Worte „wir kommen aus Bayreuth" reagierte der Beamte, auf das Gepäck weisend: „Ah, und das sind Ihre Kostüme" ... ohne eine Antwort abzuwarten.[13] Soweit der Stimmungsbericht aus und von Bayreuth kurz vor Beginn des Ersten Weltkriegs. Die Festspiele wurden übrigens abgebrochen, um den zahlreichen Gästen aus dem Ausland die Chance der rechtzeitigen Rückreise zu geben.

Da Steiner selbst Mysterienspiele geschrieben hat, die auch zur Aufführung kamen, wünschte er sich eine eigene Aufführungsstätte und ließ sich für das Goetheanum, das er in Dornach[14] bei Basel errichtete, vom Bayreuther Festspielhaus anregen.[15] Keinem Komponisten hat er eine ähnlich breite Aufmerksamkeit zu Teil werden lassen wie Wagner. Umso erstaunlicher ist es, dass seine Wagner-Adaptionen bis heute in der Wagner-Literatur keinerlei Beachtung erfahren hat, auch wenn sie für die übliche Wagner-Forschung nicht anschlussfähig sind, weil Wagner mit seinem Werk gleichsam als ein Vorläufer der Anthroposophie behandelt wird und seine Musikdramen in die anthroposophische Weltvorstellung eingepasst werden. Die hier vorgelegte Studie ist der erste Versuch, diese Lücke zu schließen.

---

13 Guenther Wachsmuth, Rudolf Steiners Erdenleben und Wirken. Von der Jahrtausendwende bis zum Tode. Die Geburt der Geisteswissenschaften, Dornach 1951, S. 255.

14 Das erste Goethenaum, aus Holz erbaut, fiel in der Sylvester-Nacht 1922/23 einer Brandstiftung zum Opfer. Steiner erbaute daraufhin das zweite, heutige Goetheanum aus Sichtbeton, das inzwischen unter Denkmalschutz steht. Es ist der Hauptsitz der Allgemeinen Anthroposophischen Gesellschaft, ist Tagungs- und Festspielort und Ort der Freien Hochschule für Geisteswissenschaften.

15 Helmut Zander, Anthroposophie in Deutschland, B. 2, S. 1049.

Zur Biographie Rudolf Steiners

Um den Hintergrund der Anthroposophie besser zu verstehen, ist es empfehlenswert, einige biographische Daten Rudolf Steiners aufzulisten. Das soll, in aller Kürze, hier geschehen, auch um den Menschen Steiner wenigstens in Umrissen zu charakterisieren und damit deutlich zu machen, durch welche Lebensumstände er zum Begründer der Anthroposophie wurde.

Rudolf Steiner stammte aus bescheidenen Verhältnissen. Er wurde am 25. Februar 1861 in dem Dorf Kraljevec in Kroation geboren, das damals zu Ungarn gehörte.[1] Sein Vater und seine Mutter kamen aus dem niederösterreichischen Waldviertel, der Vater war bei der Eisenbahn beschäftigt, die Familie lebte als deutschsprachig in der Diaspora. Steiner hatte zwei Geschwister, eine Schwester und einen behinderten Bruder. Er selbst wurde katholisch getauft und nahm als Junge auch regelmäßig an den Gottesdiensten teil, war Chorknabe und Ministrant. Mit seinen intellektuellen Interessen war er weithin allein und konnte seine schon früh bemerkbare Neugierde und seine Wissensinteressen nur durch eigene Aktivitäten befriedigen. Glänzende Schulerfolge zeigten eine hohe Begabung, die der Vater früh durch Extrastunden zu fördern suchte. Zugleich hatte Steiner, wie er später selbst berichtet hat, erste Erfahrungen mit Hellsehen, denn mit sieben Jahren habe er in einer Vision seine in einem weitentfernten Ort wohnende Tante gesehen, die sich in diesem Augenblick der telepathischen Verbindung selbst umgebracht habe. Als die Familie Steiners Ausbildung wegen in die Nähe Wiens zog, wurde er in eine lateinlose, naturwissenschaftlich ausgerichtete Oberrealschule als ‚Vorzugsschüler' geführt, was den Eltern das Schuldgeld ersparte. Schon mit fünfzehn Jahren gab er Nachhilfe-Unterricht, und sein Abitur bestand er „mit Auszeichnung". Die österreichische Bahn gewährte ihm daraufhin ein Stipendium, und so konnte er sich 1879 in der Technischen Hoch-

---

[1] Ich folge bei den biographischen Angaben den Steiner-Biographien von Heiner Ullrich. Rudolf Steiner. Leben und Lehre, München 2011, S. 13ff. sowie Helmut Zander, Rudolf Steiner. Die Biographie, München 2011 und: derselbe, Anthroposophie in Deutschland, Bd. 1, Göttingen 2007, bes. S. 435ff.

schule in Wien immatrikulieren, für Mathematik, Naturgeschichte und Chemie. Er hätte zwar lieber an einer Universität Literatur und Philosophie studiert, doch galt sein Abitur nur für die Naturwissenschaften. So suchte er sich als Autodidakt anzulesen, was ihm als Student nicht geboten wurde, hörte allerdings nebenbei Literaturwissenschaft und Philosophie an der Universität als Gasthörer. 1883 beendete er sein naturwissenschaftliches Studium auch aus finanziellen Gründen ohne Abschluss, und verdiente sich anschließend seinen Unterhalt als Hauslehrer in einem wohlhabenden Kaufmannshaushalt in Wien. Er hatte pädagogische Erfolge, schaffte es, einen behinderten Knaben so vorzubereiten, dass der eine reguläre Gymnasiallaufbahn mit Erfolg absolvieren konnte.

Nebenher schrieb er, auch als Theaterkritiker, für die *Deutsche Wochenschrift*, eine national gesinnte Zeitung und für andere Zeitschriften, fand Anschluss an eher konservativ und katholisch gesinnte literarische Zirkel und hatte in den letzten Jahren seiner Wiener Zeit erste Kontakte zu einer Gruppe von Theosophen, deren Lehre er allerdings eher skeptisch gegenüberstand. Denn Steiner teilte zunächst die Auffassung, dass die rasante Entwicklung der Naturwissenschaften die Geisteswissenschaften aus ihrer Führungsrolle verdrängt und philosophische Weltbilder im Grunde ausgespielt hätten. Die exakten Naturwissenschaften gaben den Grund für neue Weltanschauungen ab, wobei Charles Darwins Evolutionstheorie eine besondere Rolle zukam; denn sie war die Basis für die Überzeugung, dass man mit ihr die Entstehung und Entwicklung der Welt erklären könne, die Religion nicht länger brauchte, im Gegenteil deren Lehrmeinungen komplett ersetzen müsse, wenn man zu einer wahren humanen Gesellschaft kommen wolle.

Ernst Haeckel

Einer der einflussreichsten Vertreter einer naturwissenschaftlich basierten Weltanschauung war Ernst Haeckel (1834–1919), ab 1862 zunächst außerordentlicher, ab 1865 ordentlicher Professor in Jena für Zoologie, der Darwins Evolutionslehre als Begründung für seine Überzeugung nahm, dass aus dem Prinzip der Evolution alle Entwicklung auf Erden und die der Erde selbst zu erklären sei.

Darwin, Goethe und Lamarck wurden in dem 1899 erstmals erschienenen populären Hauptwerk und Bestseller Haeckels *Die Welträtsel* als jene „drei geniale Naturphilosophen" bezeichnet, denen man in erster Linie die „einheitliche Erklärung aller Naturerscheinungen"[2] zu danken habe. In der Einleitung zu seinem Buch geht Haeckel die einzelnen Gebiete durch und stellt im Bereich der Sozialpolitik, der Rechtspflege, der Staatsordnung, der Schule und vor allem der Kirche („der Gipfel des Gegensatzes gegen die moderne Bildung und gegen deren Grundlagen."[3]) sowie bestimmter Überzeugungen wie Anthropismus (Vermenschlichung), kosmologische Perspektive (Anschauung des Weltganzen), Welträtsel (Substanzproblem) überall Fehlentwicklungen fest, die nur korrigiert werden könnten, wenn seine Philosophie des Monismus sich durchsetze. Diese erlaube es, alles aus einem Prinzip zu betrachten und zu erklären. Der Mensch, die Seele, die Welt und Gott ließen sich dadurch verstehen, und auch kompliziertere Sachverhalte wie die Erkenntnistheorie seien nun auf der Basis der evolutionären Naturwissenschaft zu klären. 1906 gründete Haeckel in Jena den Deutschen Monistenbund, der sich auf die Naturwissenschaften als der Ausgangsbasis allen Wissens stützte. Haeckel entwarf eine Sicht der Welt, in der das ‚Ganze' des Lebens erfahrbar zu werden schien, „in der sich die moderne Evolutionstheorie mit der pantheistischen Religiosität"[4] verband, und es war nicht zuletzt dieser Aspekt, der auf den jungen Steiner außerordentlich attraktiv wirkte und ihn für einige Zeit zum Anhänger des Jenaer Gelehrten machte.

---

[2] Ernst Haeckel, Die Welträtsel. Gemeinverständliche Studien über Monistische Philosophie, Zehnte verbesserte Auflage, Leipzig 1909, S. 6.

[3] Ebenda, S. 11.

[4] Heiner Ullrich, Rudolf Steiner, S. 21.

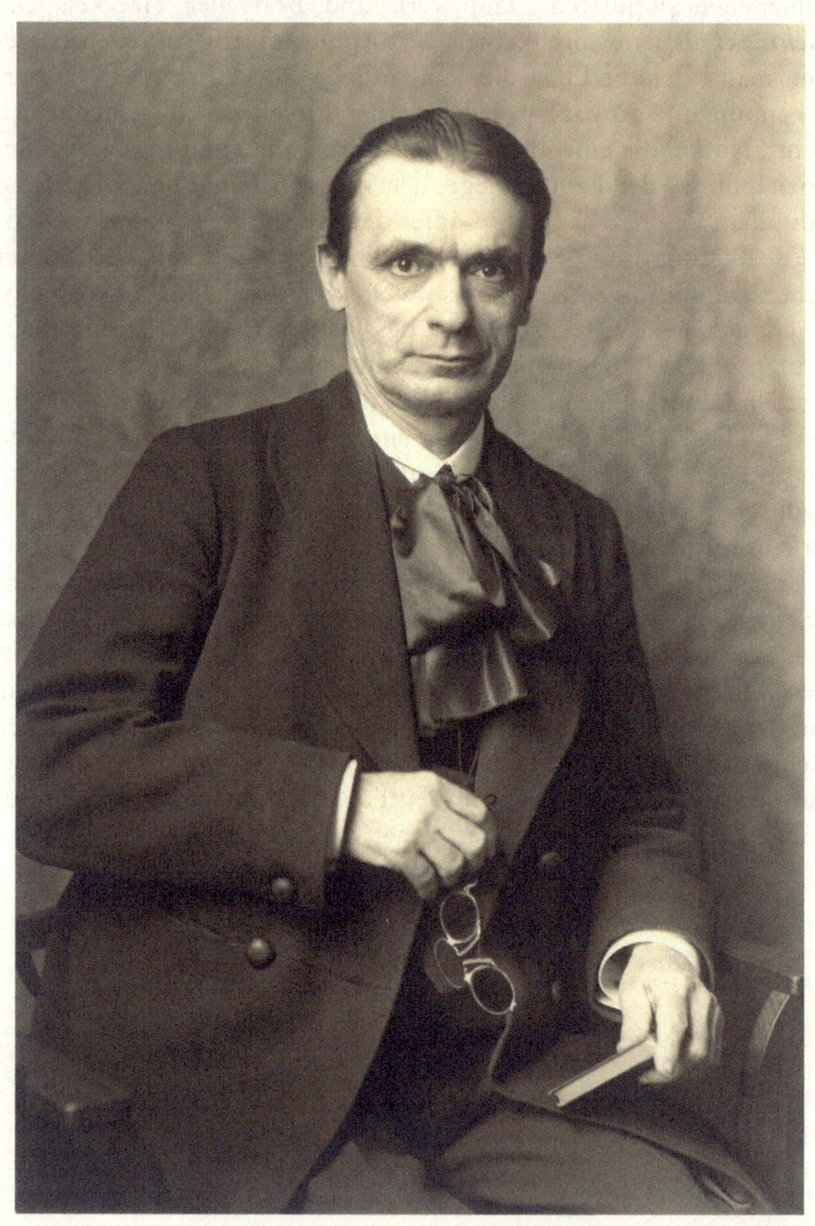

Rudolf Steiner, 1916, Foto Otto Rietmann,
Rudolf Steiner Archiv, Dornach, Schweiz

Dass er in Wien auch Literaturwissenschaften bei dem Volkskundler und Literaturwissenschaftler Karl Julius Schröer[5] gehört hatte, der zugleich ein bekannter Goethe-Forscher und Herausgeber von Goethe-Werken war, führte zu einer Empfehlung an den Herausgeber der neuen, ab 1885 geplanten großen Weimarer Sophien-Ausgabe, Joseph Kürschner, Steiner als Kommentator für die auf fünf Bände angelegten naturwissenschaftlichen Schriften Goethes einzusetzen.[6] Obwohl er in Philologie nicht ausgebildet worden war, nahm Steiner den Auftrag an und übersiedelte 1890 nach Weimar, um sich an dem Projekt zu beteiligen, der umfassendsten Goethe-Ausgabe bis heute. „Für mich schloß diese Aufgabe eine Auseinandersetzung mit der Naturwissenschaft auf der einen, mit Goethes ganzer Weltanschauung auf der anderen Seite ein“, schrieb Steiner und fügte an: „Ich mußte, da ich nun mit einer solchen Auseinandersetzung vor die Öffentlichkeit zu treten hatte, alles, was ich bis dahin als Weltanschauung mir errungen hatte, zu einem gewissen Abschluß bringen.“[7] Goethe wird für Steiner zu einem Denker, der die Natur mit dem Menschen und seinen Lebensbedingungen zusammendenkt – sein Begriff von Natur „fand sich von beiden Einseitigkeiten (Wissenschaft aus Prinzipien; Wissenschaft ohne ideellen Gehalt, U.B.) in gleicher Weise abgestoßen und im Widerstreit mit ihnen entwickelten sich bei ihm Vorstellungen, die ihn später zu jener fruchtbaren Naturauffassung führten, in welcher Idee und Erfahrung in allseitiger Durchdringung sich gegenseitig beleben *und zu einem Ganzen werden*.“[8] Dieser letzte Teil des Satzes ist für Steiner entscheidend: dass Goethe das „Ganze“ in den Blick nahm und damit einen“ Begriff des Lebens“[9] formulierte, der dem Denken Steiners nicht nur entgegenkam, sondern ihm entsprach. „Ich sah in Goethe eine Persönlichkeit“, schrieb Steiner, „welche durch das besondere geistgemäße Verhältnis, in das sie den Menschen zur

---

5 Zu Schröer vgl. Erwin Streitfeld, Karl Julius Schröer 1825–1900. Beiträge zur Kenntnis seines Lebens und seiner Werke, (Diss.) Graz 1970, Budapest 1986.

6 Rudolf Steiner, Goethes naturwissenschaftliche Schriften, GA Bd. 1, Dornach 1973, S. 7.

7 Ebenda.

8 Ebenda, S. 15.

9 Ebenda, S. 16.

Welt gesetzt hatte, auch in der Lage war, die Naturerkenntnis in der rechten Art in das Gesamtgebiet des menschlichen Schaffens hineinzustellen."[10] Die umfangreichen Kommentare Steiners, in seiner Gesamtausgabe immerhin 344 Druckseiten, werden an diesem zentralen Gedanken entlang entwickelt, und es ist zugleich ein Topos, der auch für die sehr viel später entstehende Anthroposophie zentral bleibt. Der Goethe-Forscher Kindermann, der Steiner zu den „hervorragenden Fachgelehrten"[11] zählt, urteilt über dessen Arbeit: „Schon in den Einleitungen zu diesen vier Bänden entwarf Steiner ein völlig neues Bild der Goetheschen Natur-Erkenntnis und eines, das mit Dilthey den Vorstoß ins Metayphysische gemein hat. Hier wird das gefeiert, was einst der Leipziger Psychologe Heinroth als „anschauende Urteilskraft" bezeichnet hatte. Es sei, meint hier Steiner, Goethes wichtigste Erkenntnis, entdeckt zu haben, wie man das Organische erkennend zu erfassen hätte." Und Kindermann formuliert noch eine Reihe weiterer positiver Urteile über Steiners Goethe-Kommentare. Ebenso positiv urteilt einer der besten Goethe-Kenner der Gegenwart, Karl Robert Mandelkow: „Besondere Beachtung in einer Rezeptionsgeschichte des Naturwissenschaftlers Goethe im Kaiserreich verdienen, nicht zuletzt der vielfältigen Ausstrahlungen und Impulse wegen, die von ihnen ausgegangen sind, die Arbeiten Rudolf Steiners, des späteren Begründers der Anthroposophie. Der junge Steiner war durch seinen Lehrer [...] zuerst mit dem Werk Goethes in Berührung gekommen [...]. Steiners umfangeiche Einleitungen zu den von ihm edierten Bänden sind bedeutsam nicht nur als Quellen zur Kenntnis der Vorgeschichte der anthroposophischen Weltanschauung, sondern mehr noch als der erste systematische Versuch, die Naturanschauungen Goethes in der Totalität ihrer Anwendungsbereiche der zeitgenössischen positivistischen-mechanistischen Naturwissenschaft entgegenzusetzen. [...] [Für Steiner lag, U.B.] Goethes Bedeutung nicht in diesen Einzelentdeckungen, sondern darin, dass er durch seine Art, die Dinge anzusehen, zu ganz neuen leitenden Gesichtspunkten der Naturerkenntnis kam."[12] Und Steiner konstatiert, dass

---

[10] Ebenda, S. 8.

[11] Ebenda. S. 26

[12] Karl Robert Mandelkow, Goethe im Urteil seiner Kritiker. Dokumente zur Wirkungsgeschichte Goethes in Deutschland, Teil II, 1870–1918, München 1979, S. LVII f.

das Erkennen bei Goethe völlig geschieden ist vom Erkennen bei Kant.[13] Während Kant den positivistischen Wissenschaften die Gründe liefert, geht es bei Goethe um das innere, treibende Prinzip, die Schöpfung insgesamt zu durchdringen. „Im Erkennen schaffen wir aber ein Bild von dem unmittelbar Gegebenen, das wesentlich mehr enthält, als was die Sinne, die doch die Vermittler aller Erfahrung sind, liefern können. Wir müssen, um im Goetheschen Sinne die Natur zu erkennen, sie nicht in ihrer Tatsächlichkeit festhalten, sondern sie muß sich im Prozesse des Erkennens als ein wesentlich Höheres entpuppen, als was sie im ersten Gegenübertreten erscheint. [...] Ein wahres Erkennen muß zugeben, daß die unmittelbare Gestalt der sinnfällig-gegeben Welt noch nicht ihre wesentliche ist, sondern daß sich uns diese erst im Prozess des Erkennens enthüllt Das Erkennen muß uns das liefern, was uns die Sinnerfahrung vorenthält, was aber doch wirklich ist.“[14]

Bis 1896 arbeitete Steiner, nicht eben gut bezahlt, in Weimar, vertiefte sich in Goethes naturwissenschaftliche Schriften, die für sein weiteres Leben und Denken einen nachhaltigen Eindruck machten und sein Denken entscheidend prägten.[15]

Steiner hat Goethes naturwissenschaftlichen Schriften einen Rang eingeräumt, der das damalige Goethe-Verständnis eines reinen Dichters, wie es sich etwa in der überaus erfolgreichen Goethe-Biographie von Albert Bielschowsky[16] dokumentierte, nachhaltig korrigierte. Das war, man kann dies nicht anders formulieren, eine Pionierarbeit der Goethe-Forschung. Steiner betonte erstmals den grundlegenden Unterschied zwischen der exakten Naturwissenschaft und Goethes naturwissenschaftlichen Intentionen, die eher den Zusammenhang von Natur und Mensch in den Blick nahmen, damit auch einen mechanistisch angewandten Darwinismus, wie ihn Haeckel verstand, korrigierten und Goethe als einen Forscher verstand, der das Leben als eine Einheit zu verstehen versuchte. „Wenn wir Goethe recht verstehen wollen, so kommen die einzel-

---

13 Rudolf Steiner, Einleitung zu Goethes naturwissenschaftlichen Schriften, S. 141ff.

14 Ebenda, S. 144.

15 Vgl. auch Helmut Zander, Rudolf Steiner, Die Biographie, München 2011, S. 45ff.

16 Albert Bielschowsky, Goethe. Sein Leben und seine Werke, 2 Bde., München 1895–1903.

nen Leistungen, in denen sein reicher Geist die wissenschaftlichen Gedanken niedergelegt hat, weniger in Betracht als die Absichten und Ziele, aus denen sie hervorgegangen sind."[17] Dieser nachdrückliche Akzent, der auf das Leben ‚als Ganzes' hier gelegt wird, „stellt gleichzeitig die Vorgeschichte der Anthroposophie dar"[18], weil der Blick auf die „Einheit alles Lebenden" (so auch Wagner) für diese konstitutiv ist. Für Steiners Verständnis von Goethes naturwissenschaftlichen Studien war entscheidend, dass dieser „das Menschlich-Persönliche soweit als möglich" an die physikalische Erscheinung heranrücken wollte, wodurch der Mensch zur „höchsten Form des Naturprozesses" werde, „das Organ, das sich die Natur anerschaffen hat, um durch es ihr Geheimnis offen an den Tag treten zu lassen"[19]. Diese Naturphilosophie grenzte Steiner sowohl von den positivistischen Naturwissenschaften als auch, in ihrer erkenntnistheoretischen Dimension, vom Neukantianismus ab."[20] Autoren wie Houston Stewart Chamberlain[21] und Georg Simmel[22] sind ihm in ihrer Goethe-Auffassung in wesentlichen Teilen gefolgt und haben die bis dahin geltende Goethe-Philologie durch einen ganzheitlichen Interpretationsansatz abgelöst. Am Ende der ersten Dekade des neuen Jahrhunderts nahm die Goethe-Forschung und das Goethe-Verständnis eine radikale Wendung. Mit der Aufwertung und Wertschätzung der naturwissenschaftlichen Arbeiten Goethes, der sich selbst immer als Naturwissenschaftler und Dichter verstanden hat, ergab sich eine wesentliche Neujustierung der Arbeiten Goethes, für die Steiner als erster und nicht unmaßgeblich gesorgt hat.

Dass Goethe, so Steiner, in der Natur überall das Vorherrschen der Ideen erkannt habe, machte ihn für den jungen Wissenschaftler

---

17 Rudolf Steiner, Einleitung zu Goethes naturwissenschaftlichen Schriften, S. 8.

18 Manfred Wenzel, Goethe Handbuch, Supplement Bd. 2, Naturwissenschaften, Stuttgart/Weimar 2012, S. 265.

19 Rudolf Steiner, Einleitung in Goethes naturwissenschaftliche Schriften, S. 168ff.

20 Ebenda.

21 Houston Stewart Chamberlain, Goethe, München 1912 und Georg Simmel, Goethe, Leipzig 1913. Vgl. auch Udo Bermbach, Houston Stewart Chamberlain, Wagners Schwiegersohn, Hitlers Vordenker, Stuttgart/Weimar 2015, S. 3651ff.

22 Georg Simmel, Goethe, Leipzig 1913.

interessant. „Durch die Konzentration auf die Ideenlehre des frühen Goethe und die Vernachlässigung von Goethes-Kant-Rezeption sowie durch die enge Bindung der Methamorphosenlehre Goethes an den Darwinismus nahm Steiner Goethes Vorstellungen für seinen eigenen erkenntnistheoretischen Monismus in Anspruch, welchen er im Jahre 1897 als *Goethes Weltanschauung*[23] darstellte.“[24]

Steiner, der noch immer die Absicht hatte, eine wissenschaftliche Karriere an einer Universität einzuschlagen, musste zunächst promovieren. Da er von einer naturwissenschaftlichen Hochschule kam, kein Latinum hatte, war dies ein schwieriges, fast aussichtsloses Unterfangen. Im Zusammenhang mit seinem philosophischen Hauptwerk *Die Philosophie der Freiheit*[25], schrieb er als Vorstudien *Wahrheit und Wissenschaft*[26], eine erkenntnistheoretische Arbeit, die er der Rostocker philosophischen Fakultät als Dissertation vorlegte. Am 23. Oktober 1894 bestand er das Rigorosum, die Promotion insgesamt mit ‚rite‘, der schwächsten Note, die eine Universitätskarriere nicht erlaubte.

Berliner Jahre

Zwei Jahre später ging die Beschäftigung mit der Kommentierung der naturwissenschaftlichen Schriften Goethes für die Weimarer Ausgabe zu Ende und Steiner stand nun vor der Frage, wie er sein weiteres Leben organisieren wollte. Er entschloss sich, zusammen mit Otto Erich Hartleben (1864–1905), einem zu seiner Zeit außerordentlich erfolgreichen dramatischen Schriftsteller, in Berlin die Leitung der literarischen Zeitschrift *Magazin für Literatur* vom Juli 1867 bis März 1900 zu übernehmen. Berlin war damals eine wachsende und boomende Großstadt, in der sich der wirtschaftli-

---

23 Rudolf Steiner, Goethes Weltanschauung (1897), GA Bd. 6, Dornach 1963.

24 Heiner Ullrich, Rudolf Steiner, S. 31.

25 Rudolf Steiner, Die Philosophie der Freiheit, Grundzüge einer modernen Weltanschauung. Seelische Beobachtungsresultate nach naturwissenschaftlicher Methode (1893), GA Bd. 4, Dornach 2021 (17. Auflage).

26 Ursprünglicher Titel: Rudolf Steiner, Die Grundfrage der Erkenntnistheorie mit besonderer Rücksicht auf Fichtes Wissenschaftslehre. – Prolegomena zur Verständigung des philosophischen Bewußtseins mit sich selbst, das später unter dem Titel: Wahrheit und Wissenschaft. Vorspiel zu einer ‚Philosophie der Freiheit‘ (1892), GA Bd. 3, Dornach 1958 erschien.

che Aufstieg des Deutschen Reiches zur stärksten Industriemacht Europas spiegelte, mit einem zunehmend wohlhabender werden Bürgertum, einer zunehmenden Zahl von Museum, deren Bestände und Sammlungen bald mit denen Londons und Paris konkurrieren konnten, mit einer Künstler- und Intellektuellenszene, die Interessierte aus allen Teilen des Reiches anzog, einem blühende Theaterbetrieb, der die besten Schauspieler Deutschlands versammelte und die neuesten Stücke lebender Theaterautoren zeigte. Für eine literarische Zeitschrift ein überaus reiches Feld zur Ernte, sollte man meinen. Steiner, der sich in Berlin in Künstlerkneipen mit der einheimischen Szene vertraut machte, schrieb in seiner Zeitschrift vor allem Buchbesprechungen, schrieb gegen die christlichen Kirchen und gegen die in Mode kommende Theosophie, deren Generalsekretär er wenig später selbst werden sollte.[27]

Theoretisch bewegte sich Steiner in seiner Berliner Zeit auf Positionen des in Bayreuth geborenen Anarchisten Max Stirner (1806–1856) und von John Henry Mackay (1864–1933) zu, beide individualistische Anarchisten. Mackay, ein in Schottland geborener Deutscher, hatte sich der Popularisierung Max Stirners verschrieben und war mit Rudolf Steiner eng befreundet, eine Freundschaft, die erst endete, als der sich ab 1900 der Theosophie zuwandte. Steiner bezeichnete sich selbst als einen individualistischen Anarchisten und charakterisierte seine Haltung so: „Der individualistische Anarchist will, dass kein Mensch durch irgendetwas gehindert werde, die Fähigkeiten und Kräfte zur Entfaltung bringen zu können, die in ihm liegen. Die Individuen sollen in völlig freiem Konkurrenzkampf sich zur Geltung bringen. Der individualistische Anarchist steht [dem Staat und allen Institutionen, U.B.] feindlich gegenüber, weil sie die Freiheit unterdrücken. Deshalb bekämpft er den Staat, der auf Gewalt beruht."[28]

Im Oktober 1899 hatte Steiner seine frühere Weimarer Vermieterin, Anna Eunicke, geheiratet. Da nach seinem Anarchismus-Bekenntnis die Abonnements der Zeitschrift zurückgingen, musste er sich finanziell neu orientieren. Er begann eine freie Vortragstätigkeit in der von Karl Liebknecht gegründeten sozialistischen Berliner Arbeiterbildungsschule, er unterrichtete in Naturwissenschaften, Geschichte und Rethorik. Im brodelnden Berlin der Jahrhundert-

---

[27] Heiner Ullrich, Rudolf Steiner, S. 34ff.
[28] Zitiert nach ebenda, S. 36.

wende, in dem sich Reformpädagogik, Lebensreform, Debatten über eine neue Literatur und neue Theaterformen sowie die Möglichkeiten einer Weiterentwicklung der Musik überkreuzten, suchte Steiner nach weltanschaulicher Orientierung. Er fand sie nur unzulänglich in zwei Vereinigungen, dem Kreis der „Kommenden", in dem er Literaten und Dichter wie Käthe Kollwitz, Else Lasker-Schüler, Erich Mühsam und Stefan Zweig kennenlernte und dem „Giordano-Bruno-Bund", der die Lehre Ernst Haeckels propagierte. In Berlin hatte er überdies Kontakte zu Otto Julius Bierbaum und Maximilian Harden. Um 1900, nachdem er das *Magazin für Literatur* aufgegeben und verkauft hatte, bekam er die Einladung, vor der Deutschen Theosophischen Gesellschaft einen Vortrag zu Nietzsche zu halten und am selben Abend noch einen über „Goethes geheime Offenbarung." Der Erfolg war so groß, dass im folgenden Winter ein Vortragszyklus von dreiundzwanzig Vorträgen über die „Mystik im Aufgange des neuzeitlichen Geisteslebens"[29] vereinbart wurde, in dem Steiner versuchte, die Mystik als eine religiös-spirituelle Erfahrung mit den neueren Naturwissenschaften als übereinstimmend darzustellen. Wiederum war sein Erfolg beeindruckend und führte dazu, dass er im folgenden Vortragsjahr unter dem Titel „Das Christentum als mystische Tatsache und die Mysterien des Altertums"[30] einen weiteren Vortragszyklus übernahm, in dem er das Christentum als die Summe der Weisheit der vorchristlichen Mysterien interpretierte und Golgatha als Symbol des Kerninhalts der christlichen Botschaft sah.

Steiner war ein außerordentlich erfolgreicher, sehr charismatischer Redner, der überwiegend frei sprach, von beeindruckendem Fleiß, der in späteren Jahren mehrere tausend Vorträge im Jahr hielt, verteilt über ganz Deutschland, was mit weiten und anstrengenden Reisen verbunden war. Seine Erfolge führten dazu, dass er 1901 aufgefordert wurde, in die Theosophische Gesellschaft einzutreten und die Leitung der deutschen Sektion zu übernehmen.

---

[29] Vgl, Rudolf Steiner, Die Mystik im Aufgange des neuzeitlichen Geisteslebens und ihr Verhältnis zur modernen Weltanschauung, GA, Bd. 7, Dornach 1960.

[30] Rudolf Steiner, Das Christentum als mystische Tatsache und die Mysterien des Altertums, GA, Bd. 8, Dornach 1976.

Helena Petrovna Blavatsky – Theosophie

Die Theosophische Gesellschaft war, wie schon eingangs erwähnt, durch die Deutsch-Russin Helena Petrovna Blavatsky (1831–1891) entscheidend geprägt worden, die mit ihren beiden Büchern *Isis Unveiled*, deutsch: *Isis unverschleiert* (1877) und vor allem: *The Secret Doctrine – the Synthesis of Science, Religion and Philosophy*, deutsch: *Die Geheimlehre* (1888) zur Begründung der Theosophie beitrug. 1875 gründete sie, zusammen mit dem amerikanischen Rechtsanwalt Henry Steel Olcott die Theosophische Gesellschaft in den USA, deren erster Präsident Olcott wurde. Aufgabe der Geheimgesellschaft war es, den Okkultismus zu studieren, ebenso die Kabbala und westliche Lehren der Esoterik und so ein Wissen zu erwerben, das den Gesetzen des Universums auf die Spur kommen wollte und zum Gegenstand einer neuen Weltreligion werden konnte. Zwei Jahre nach dieser Gründung ging Blavatsky zusammen mit Olcott nach Indien und beide nahmen Kontakt zu indischen Spiritisten auf. Hier in Indien arbeitete Blavatsky die Theosophie weiter aus. Nach Skandalen, die sie ausgelöst hatte und die hier nicht referiert werden sollen, kehrte sie nach Europa zurück, zunächst nach Würzburg, dann nach Ostende, später nach London. Zuvor war sie des Betrugs angeschuldigt worden und man unterstellte ihr, sie sei eine russische Spionin. 1889 publizierte sie *The Voice of Silence*, deutsch: *Die Stimme der Stille* und *The Key of Theosophy* deutsch: *Der Schlüssel zur Theosophie*.

Blavatskys Theosophie war als eine synkretistische Lehre östlicher Religionen und Weisheitslehren konzipiert und wollte durch okkultistische Praktiken eine Hinführung in eine Spiritualität, die den Menschen den Aufstieg in transzendente Sphären ermöglichen sollte, die alte magische Praktiken nutzen sollten. Mit ihrem ersten Buch *Isis unverschleiert* bekehrte sie sich zum Buddhismus und Hinduismus als den Grundlagen ihrer Theosophie und behauptete, die „Ur-Religion“ des alten Ägyptens habe jene Mittel zur Verfügung gestellt, die den Gegensatz zwischen Spiritualität, moderner Philosophie und Naturwissenschaften aufheben könne. Das Buch war ein engagiertes Plädoyer gegen die moderne materialistische Lebensweise.

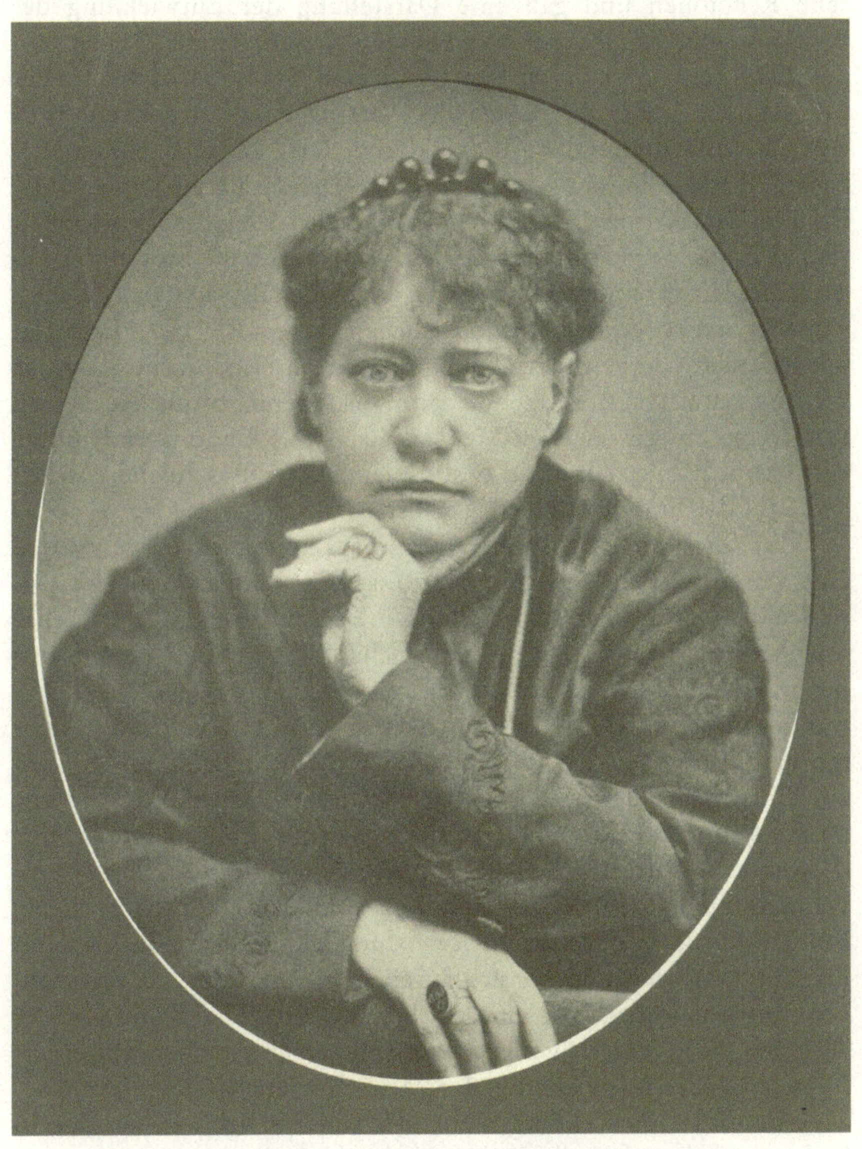

H.P. Blavatsky, 1881, Rudolf Steiner Archiv, Dornach, Schweiz

Ihr zweites Buch *Die Geheimlehre* stützte sich ebenfalls auf indische Religionen und gab eine Darstellung der Entwicklung der Welt aus einer Kombination von einer alles schaffenden Macht und der Evolutionslehre. Dargelegt wird eine Stufenentwicklung der Menschheit, wobei die Seelen der Verstorbenen zurückkehren in Zyklen fortschreitender Entwicklung. Die Unsterblichkeit der Seele führt sie immer wieder zurück (Reinkarnation) durch das Prinzip des Karma. Die Individualität des Menschen entwickelt sich also in einem Durchlauf seiner Seele durch die Stufen der allgemeinen Entwicklung. Daneben gibt es bei Blavatsky die Lehre, wonach Menschen siebenfache Ebenen haben wie die Himmelskörper auch, deren Entwicklung in einem siebenfachen Zyklus verlaufe, zunächst absteigend, dann ansteigend. In diesen Zyklen spielen die „aufgestiegenen Meister" wie Jesus, Buddha und andere eine große Rolle, denn sie bestimmen über menschliche Medien den Lauf der Entwicklung auf der Erde.

Das Ziel der Theosophen war die Bildung einer weltweiten Gemeinschaft ohne Ansehen der Rasse, der Religion und des Geschlechts oder der sozialen Stellung.[31] Da es aber eine Geheimlehre war, war die Theosophische Gesellschaft hierarchisch organisiert: der innerste Zirkel verwaltete das eigentliche Wissen. Die Lehre war gegen den modernen Rationalismus und Materialismus gerichtet, ging davon aus, dass alle Menschen ursprünglich die Fähigkeit zur Erkenntnis der geistigen Welt besaßen, durch die Moderne diese allerdings verloren hatten, aber wiedergewinnen konnten. Das eben war die Aufgabe der Theosophen. Es gab das Prinzip der universalen Einheit von Gott, der Welt und dem Menschen. Diese Einheit wurde in der Stufenentwicklung der Welt erlebt, ging mit dem Tod verloren und konnte durch Reinkarnation wiedergewonnen werden, jeweils auf einer höheren Stufe. Die Evolution der Welt war ein „Vergeistigungsprozess"[32], der über sieben Stufen erfolgte, wie die Entwicklung des Menschen auch. Doch kann der Mensch diese Entwicklung nicht in einem einzigen Leben durchlaufen, und eben deshalb wird er wiedergeboren.[33]

---

[31] Heiner Ullrich, Rudolf Steiner, S. 44.

[32] Ebenda, S. 47.

[33] Eine ausführliche Darlegung der Theosophie Blavatskys und der europäischen Theosophie findet sich bei Helmut Zander, Anthroposophie in Deutschland, Bd. 1, S. 75ff.

Die hier skizzierten inhaltlichen Umrisse der Lehre von Helena Blavatsky fand Steiner vor, als er in die theosophische Gesellschaft eintrat. Anfangs nahm er diese Lehren auf[34], hielt Vorträge, die diese Lehre propagierten, hatte aber schon bald Einwände gegen die starke östliche Ausrichtung der Theosophie. Mehr und mehr korrigierte er die Lehre von Blavatsky durch eigene Überlegungen, wobei der zentrale Punkt die für Steiner wichtiger werdende Bedeutung des Christentums und dessen europäische Tradition war. In Vorträgen über das Johannes-, Lukas- und Matthäusevangelium[35] entwickelte er eine eigene Christologie – auf die weiter unten noch eingegangen wird –, in der das „Mysterium von Golgatha" zum zentralen Ereignis der neueren Erd- und Menschheitsentwicklung avancierte. Damit geriet er in Gegensatz zur offiziellen Lehre der Theosophen, und nachdem der Konflikt sich zuspitzte und auch organisatorische Turbulenzen hervorbrachte, die so verwickelt waren, dass sie hier ausgespart werden sollen,[36] trennte er sich im Dezember 1912 und gründete mit einem großen Teil der deutschen Theosophen in Köln die deutsche Anthroposophische Gesellschaft. Diese neue Gesellschaft versammelte die Mehrheit der deutschen Theosophen: 39 Arbeitsgruppen mit jeweils 30 Mitglieder pro Gruppe, 46 Arbeitsgruppen in derselben Größe in Westeuropa und den USA, insgesamt 2557 Mitglieder. Nur 218 Mitglieder blieben in der Theosophischen Gesellschaft.[37]

Steiner weitete nun den Blick und die Thematik seiner Esoterik; zum einen erhob er den Anspruch, die Anthroposophie stärker als die Theosophie wissenschaftlich zu basieren, sie mit den neuesten Erkenntnissen der Naturwissenschaften zu verbinden. Neben

---

[34] Vgl. Rudolf Steiner, Aus der Akasha-Chronik, GA, Bd. 11, Dornach 2018.

[35] Siehe unter anderem Rudolf Steiner, Das Johannes-Evangelium (1908), GA, Bd. 103, Dornach 1995; Die Apokalypse des Johannes (1908), GA, Bd. 104, Dornach 1985; Das Johannes-Evangelium im Verhältnis zu den drei anderen Evangelien, besonders zum Lukas-Evangelium (1909), GA, Bd. 112, Dornach 1984; Das Matthäus-Evangelium (1910), GA, Bd. 123, Dornach 1988; Das Lukas-Evangelium (1909), GA, Bd. 114, Dornach 2001.

[36] Ausführlich Helmut Zander, Anthropologie in Deutschland, Bd. 1, S. 125ff., bes. S. 151ff.

[37] Ebenda, S. 164.

dem Terminus der Anthroposophie verwandte er auch den der ›Geisteswissenschaften‹, um anzudeuten, dass seine Lehre weit angelegt sei und neben dem engeren esoterischen Wissen auch die Kunst, die soziale Realität (die soziale Frage)[38] und Metaphysik einbeziehe. In seinen Vorträgen vor dem Ersten Weltkrieg thematisierte er die Erneuerung der Medizin, den Ausgleich zwischen Kapital und Arbeit, die Emanzipation der Frauen, neue Erziehungskonzepte und Wege zum Weltfrieden.[39]

Eurythmie – Theaterreform

Zusammen mit seiner Lebensgefährtin und späteren Frau – Maria von Sivers – entwickelte Steiner die Eurhythmie, einen spezifischen Bewegungstanz, der auf der Bühne, in der Walddorfpädagogik und als therapeutische Maßnahme im Bereich der Medizin eine Rolle spielen sollte.[40] Diese Eurhythmie – eine Variante des zeitgenössischen Ausdruckstanzes[41] – eroberte, in unterschiedlichen Adaptionen, bald jene Bühnen Europas, auf denen mit neuen Theaterformen experimentiert wurde. In der durch die Ideale der Lebensreform geprägten Künstlerkolonie Hellerau bei Dresden, in der so prominente Künstler wie der Schweizer Adolphe Appia, der Bayreuth eng verbunden war, an neuen Formen der darstellenden Kunst arbeiteten, wurden Prinzipien der Eurhythmie in die Realität

---

[38] Rudolf Steiner, Kernpunkte der sozialen Frage (1919), GA, Bd. 23, Dornach 1976; Aufsätze über die Dreigliederung des sozialen Organismus und zur Zeitlage. Schriften und Aufsätze 1915–1921, GA, Bd. 24, Dornach 1982.

[39] Heiner Ullrich, Rudolf Steiner, S. 60.

[40] Vgl. Rudolf Steiner, Die Entstehung und Entwicklung der Eurhythmie (1912–1925), GA, Bd. 227a, Dornach 1998; Eurythmie. Die Offenbarung der sprechenden Seele. Eine Fortbildung des Goetheschen Metamorphosenanschauung im Bereich der menschlichen Bewegung (1918–1924), GA, Bd. 277, Dornach 1980; Eurhythmie als sichtbarer Gesang. Ton-Eurhythmie-Kurs, (1924), GA, Bd. 278, Dornach 1990; Eurhythmie als sichtbare Sprache. Laut-Eurhytmie-Kurs (1919–1921), GA, Bd. 279, Dornach 1984; siehe auch Helmut Zander, Kapitel Eurythmie. Theosophie in Bewegung, in: Rudolf Steiner, S. 301.

[41] Helmut Zander, Geschichte der Anthroposophie, Bd. 2, S. 1181.

umgesetzt.[42] Ähnlich wie Steiner hatte der Schweizer Émile Jacques-Daleroze (1865–1950) neue Prinzipien in den klassischen Bühnentanz eingeführt, die die Rhythmik betonten und neue Ausdrucksformen schaffen wollte. In seiner Schrift *Le rythme, la musique et l'éducation* (1920)[43] hatte er hinsichtlich der Praxis des Tanzes Überlegungen angestellt, die sich mit denjenigen Steiners in mancher Hinsicht eng berührten und gemeint, „Die Vollkommenheit der Bewegung in Raum und Zeit kann nur gewonnen werden durch Übungen gymnastischer Art, durch die sogenannte Rhythmik." Deren Aufgabe sei es daher, die körperlichen „Bewegungen auszubilden, zu regeln und zum Gegenstand einer allgemeinen Erziehung zu machen."[44]

Ähnlich dachte Steiner über seine Eurhythmie, die in engem Zusammenhang mit seinen Mysterienstücken entwickelt wurde. Er hatte die Vorstellung, dass im Tanz eine unmittelbar optische Anschauung der geistigen Inhalte der Anthroposophie deutlich werden und die Eurythmie als „wirklich sichtbarer Gesang und eine sichtbare Sprache"[45] erlebt werden könne. Es ging um die Sichtbarmachung des Geistigen, um den künstlerischen Ausdruck des Seelischen, um die Versinnlichung des intellektuellen Zugangs zum Lehrgebäude der Anthroposophie. Da der Intellekt das Künstlerische zerstören könne, sei die Eurythmie ein Mittel, das Ästhetische wieder deutlich zu machen und jenen, die nicht über das Denken den Zugang zur Anthroposophie suchten, diesen Zugang ästhetisch zu öffnen.[46] Denn Eurythmie sei eine „Sprache durch Bewegung, eine solche Sprache, welche in einem gewissen sehr schönen Verhältnis stehen kann zu den Vorgängen, welche in der geistigen Welt sich abspielen."[47] Eurythmie könne die Geheimnisse des Kosmos zum Vorzeigen bringen, sie sei eine geistige Tanzkunst, die – bei Lauteurythmie – auf die gesprochenen Laute der Sprache höre,

---

42 Vgl, dazu ausführlich Udo Bermbach, Richard Wagners Weg zur Lebensreform, Würzburg 2018, S. 127ff., bes. S. 142ff.

43 Deutsch: Rhythmus, Musik und Erziehung, Basel 1921.

44 Zitate nach Gernot Giertz, Kultus ohne Götter. Emile Jacque-Dalcroze und Adolphe Appia. Der Versuch einer Theaterreform auf der Grundlage der rhythmischen Gymnastik, München 1975, S. 15.

45 Zitiert nach Helmut Zander, Anthroposophie in Deutschland, Bd. 2, S. 1191.

46 Ebenda, S. 1192.

47 Ebenda, S. 1193.

wobei Vokale Ausdruck innerseelische Vorgänge sind, Konsonanten Abbilder der äußeren Welt; bei Toneurythmie die unterschiedlichen Töne und Intervalle als Wiederspiegelung der Welt verstanden und in Tanz umgesetzt werden.[48] Hinzu komme Licht, das Stimmungen umsetzen sollte – ganz wie Appia dies in seinen Überlegungen beschrieben hat.[49] Steiner hat, so sein Biograph Ullrich, zu einigen Hunderten von Dichtungen und Musiken Eurythmie-Partituren geschaffen und später in den Walddorf-Schulen Eurythmie als Pflichtfach eingeführt, für die Medizin sie als Gesundungshilfe vorgeschrieben.

Man wird sicherlich sagen dürfen, dass die Erfindung der Eurythmie sich in jenen Kontext einfügt, der historisch als Lebensreform-Bewegung bezeichnet wird.[50] Hinsichtlich der praktischen Wirkungen, die Steiners Reformbemühungen auch ganz allgemein hatten, war das ein Beitrag zu jenen Bemühungen, die um die Jahrhundertwende und in den nachfolgenden Jahren eine Alternative zur industriellen Welt bieten wollten, die gegen den kapitalistischen Materialismus, gegen ein Leben mit Alkohol und anderen Suchtmitteln, gegen erschreckende Auswüchse von Grausamkeit, wie etwa die Vivisektion, einen neuen Lebensentwurf setzten. Innerhalb kleinerer Gruppen reformerisch gesinnter Menschen, von der Homöopathie bis zur Frei-Köper-Kultur, war die Anthroposophie allerdings eine vergleichsweise mächtige Bewegung mit einem sehr viel weitergehenden Anspruch, und die Eurythmie war nicht, wie die freien Formen des neuen Ausdruckstanzes, auf Sichtbarmachung der Sinnlichkeit und Erotik ausgerichtet, sondern im Gegenteil: auf das Verdecken alles Sexualität. Der Körper sollte nur Mittel für den Ausdruck des Geistigen sein, weshalb Steiner ein Untergewand vorschrieb, um die Beine möglichst undeutlich zu machen, ansonsten weitgeschnittene Gewänder, aus denen die Hände, der Kopf und die Füße herausschauten, die aus der Reformmode der Jahrhundertwende entwickelt wurden.

---

48 Heiner Ullrich, Rudolf Steiner, S. 64ff.

49 Adolphe Appia, Die Musik und die Inszenierung, München 1899.

50 Vgl. die ausgezeichnete Dokumentation Kai Buchholz/Rita Latocha/Hilke Peckmann/Klaus Wolbert (Hrsg.), Die Lebensreform. Entwürfe zur Neugestaltung von Leben und Kunst um 1900, 2 Bde., Darmstadt 2001 (Ausstellungskatalog zur Ausstellung ›Lebensreform‹ auf der Darmstädter Mathildenhöhe 2001).

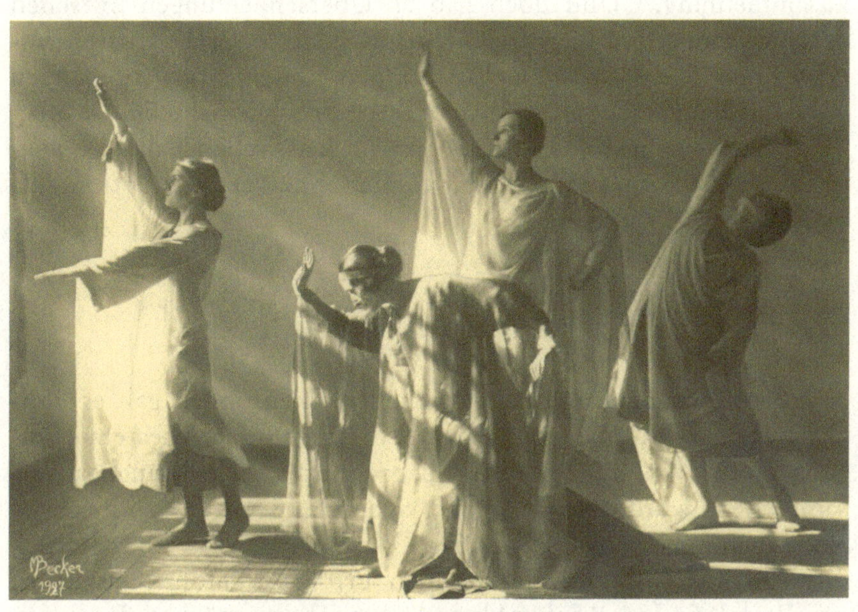

Eurythmie, Foto Magdalena Becker, 1927,
Rudolf Steiner Archiv, Dornach.

Dem bloßen Ausdruckstanz der Lebensreformbewegung setzte Steiner eine theorie-gesättigte Position für die Eurythmie entgegen. Gerade sie ist ein Beispiel dafür, wie stark theoretisch oder auch weltanschaulich aufgeladen alles war, was mit der Anthroposophie zusammenhing.[51] Und doch gab es Überschneidungen zwischen der Eurythmie und dem freien Ausdruckstanz der Lebensreformbewegung. Die Eurythmie-Tänzerinnen holten sich Anregungen vom Ausdruckstanz, integrierten dessen Formelemente in das eigene Konzept, nahmen auch Anleihen am klassischen Ballett, erweiterten so die ursprüngliche Eurythmie, ohne deren Intention aufzugeben.

Mysteriendramen

Auf den Versammlungen der deutschen Theosophen gab es üblicherweise neben einer Reihe von Vorträgen auch Theateraufführungen. Im Mai 1907, als die Theosophen sich in München versammelten, wurde von Édouard Schuré (1841–1929), einem im Elsaß geborenen, zweisprachigen Schriftsteller, das Theaterstück *Die Kinder des Lucifer* mit großem Erfolg aufgeführt, inszeniert von Rudolf Steiner.[52] Schuré hatte neben Theaterstücken, Romanen und Gedichten sowie Abhandlungen zur Philosophie, Geschichte und Musik auch das Buch *Les Grands Initiés* (*Die großen Eingeweihten*)[53] geschrieben, in dem er die esoterische Vorstellung von der Weitergabe ursprünglicher Weisheit durch große Eingeweihte behandelte. Zu diesen zählte er unter anderem Krishna, Moses, Orpheus, Pythagoras, Platon und Jesus. Schuré war zugleich einer der besten und bekanntesten französischen Wagner-Kenner, der auch eine zweibändige Darstellung der Wagnerschen Musikdramen geschrieben hatte – *Le drame musical. Richard Wagner, son oeuvre et*

---

51 Vgl. die ausführliche Darlegung bei Helmut Zander, Anthropologie in Deutschland, Bd. 2, S. 1191ff. Das kann hier im Einzelnen nicht übernommen werden.

52 Helmut Zander, Die Anthroposophie in Deutschland, Bd. 2, S. 1024ff.

53 Edouard Schuré, Die Kinder des Lucifer. Autorisierte Übersetzung von Maria von Sivers. Leipzig 1905; Edouard Schuré, Die Großen Eingeweihten. Autorisierte Übersetzung von Marie von Sivers. Mit einem Vorwort von Rudolf Steiner, Leipzig 1909.

son idée, 2 Bde., Paris 1875 (deutsch: *Das musikalische Drama*, verdeutscht von Hans von Wolzogen Leipzig 1877) –, ein ständiger Besucher der Bayreuther Festspiele und enger Freund der Wagners, hochwillkommen in Wahnfried. Richard Wagner hat ihn mehrfach in seinen Briefen „meinen Vertrauten", „meinen jüngeren Freund" genannt[54], seinen in der *Revue des deux mondes* am 1. Dezember 1904 veröffentlichten Aufsatz über *La Genèse de Tristan* hoch gelobt. Cosima notierte über ihn Freundliches in ihren *Tagbüchern*, mit anderen Worten: hier gab es eine enge, freundschaftlich-vertraute Beziehung zwischen einem der führenden Theosophen, der zugleich auch einer der führenden Wagnerianer war, und dass Wolzogen Schurés Werke übersetzt hatte, bedeutete, dass er einer der wenigen Ausländer war, der zum engeren Bayreuther Kreis dazugehört.

Steiner entschied sich, aus welchem Anlass, ist unbekannt, selbst Stücke für die Aufführungen zu schreiben. Am 10. August 1910 wurde im Schauspielhaus München sein erstes Mysteriendrama *Die Pforte der Einweihung. Ein Rosenkreuzermysterium* uraufgeführt. Der Text wurde erst in letzter Minute fertig und Steiner kümmerte sich um Bühnenaufbau, Beleuchtung, Inszenierung, kurz: um alles. Ohne hier den Inhalt detailliert wiederzugeben, sei doch angedeutet, worum es geht.[55] Es ist ein Spiel um den Maler Johannes Thomasius und die große Seele Maria. Beide gehen mit Hilfe des Geisteslehrers Benedictus zur ‚Einweihung' und begegnen auf ihrem Weg den schwarzen Mächten Luzifer und Ahriman (Gegenspieler von Zoroaster), müssen schmerzvolle Prüfungen ablegen und reifen dadurch zur Selbsterkenntnis. Sie begegnen auf ihrem Weg hilfreichen Personen, in der Seelenwelt dem Geist der Elemente. Eine Vielzahl von Geistwesen, Seherinnen und Seelenschwestern kreuzen ihren Weg, doch muss das hier nicht im Detail erzählt werden. Das Vorspiel beginnt in einem Zimmer mit einem Kinderlied, in dem der Geist des Ganzen schon erkennbar wird:

---

[54] Nachweise in der Digitalen Bibliothek, Richard Wagner, Werke, Schriften und Briefe, hrsg. von Sven Friedrich. Dazu auch Helmut Zander, Anthroposophie in Deutschland, Bd. 2, S. 1028ff.

[55] Ausführliche Inhaltsangaben zu diesem und den übrigen Mysterienstücke Steiners bei Helmut Zander, Anthroposophie in Deutschland, Bd. 2, S. 1030ff.

Der Sonne Licht durchflutet
Des Raumes Weiten,
Der Vögel Singen durchhallet
Der Luft Gefilde,
Der Pflanzen Segen entkeimet
Dem Erdenwesen,
Und Menschenseelen erheben
In Dankgefühlen
Sich zu den Geistern der Welt.

In einem ersten Gespräch zwischen Sophie, der Vertreterin der Theosophie/ Anthroposophie, und Estrella kommt er zu einem Streitgespräch über den Nutzen der Theosophie/ Anthroposophie. In einem ersten Bild kommen von einem Vortrag, der offenbar gerade stattgefunden hat, der Maler Johannes und seine Freundin Maria, die ihn durch ihre geistige Weltsicht inspiriert, doch in seinem künstlerischen Schaffen lähmt. Steiner, der zunächst versucht hatte, Goethes Märchen von der *Grünen Schlange* umzuschreiben, macht hier Anleihen bei Goethe. Marie ist die Lilie, die den unglücklichen Jüngling versteinert. Mit Capesius und Strader treten die beiden Irrlichter aus dem Märchen auf, denen es hier um die Selbsterkenntnis geht. Ihnen folgen Philia, Astrid und Luna, später die Repräsentantinnen der Empfindungsseele, der Verstandesseele und der Bewusstseinsseele. Es würde zu weit führen, hier alle aufzuführen, die nun noch folgen – es ist eine Fülle von Figuren, die von der Seherin, die das baldige Kommen des ätherischen Christus vorhersagt, über einzelgängerische Naturmenschen bis hin zu mythischen Naturwesen und Märchenerzählerinnen. Es sind insgesamt elf ausgedehnte Bilder, aus denen dieses Mysterienspiel besteht[56], und in denen gezeigt wird, wie der Weg vom Nichtwissen zum Wissen, hin zur Initiation in die geistige Welt, die der Maler Johannes Thomasius erlebt. Der Kampf zwischen Materie und Geist wird zugunsten des letztere entschieden.[57]

Das zweite Drama *Die Prüfung der Seele*[58] schildert den Einweihungsweg der aus dem ersten Drama bekannten Figur des

[56] Eine ausführliche Inhaltsangabe auch unter https://www. Anthrowiki.at/ Die Pforte der Einweihung und natürlich der vollständige Text in Rudolf Steiner, Vier Mysteriendramen (1910–1913), GA, Bd. 14, Dornach 1998.

[57] Zuletzt wurde dieses Mysterienspiel 2010 in Dornach aufgeführt.

[58] Helmut Zander, Anthroposophie in Deutschland, Bd. 2, S. 1032.

Capesius, das dritte *Der Hüter der Schwelle* ebenfalls eine Einweihung eine bereits bekannte Figur und das vierte Drama *Der Seelen Erwachen* handelt von der Umwandlung eines materialistisch ausgerichteten Betriebs in eine spirituelle Ökonomie, die aber misslingt.[59]

Diese vier Dramen stehen in einem inneren Zusammenhang, was schon durch den Auftritt der seit dem ersten Drama bekannten Figuren deutlich wird. Sie sind, wie Zander meint, gleichsam Lehrstücke, „ein Querschnitt durch die Themen von Steiners Weltanschauung: Es geht um Erkenntnissuche, Meditation, die Hilfe von Mittlergestalten, Erkenntnisgewinn, Reinkarnation, Selbsterlösung."[60] Sie sind die theatralische Umsetzung dessen, was Steiner in seinen Schriften verkündet hat und sie stehen in der Tradition der geistlichen Schauspiele, wie sie aus den mittelalterlichen Mysterienspielen bekannt sind. Besonderen Wert legte Steiner auf die Sprache[61], deren Vokalen und Konsonanten er bestimmte Bedeutungen zumaß[62], wie er auch dem Versmaß symbolische Bedeutungen zuerkannte. Eigene Wortschöpfungen und altertümliche Worte suggerierten einen sakralen Sprachstil, der – wie im ersten Stück – bei der Uraufführung mit Orgelmusik unterlegt wurde und damit an kirchliche Liturgie erinnerte. So sollte ein Prozess der „mystischen Erkenntnis"[63] inauguriert werden, durch den naturwissenschaftliche und geisteswissenschaftliche Erkenntnisse zusammengeführt werden konnten.

Die Mysterienstücke waren ein großer Erfolg. Das erste Stück wurde, wie schon erwähnt, 1910 im Münchener Schauspielhaus aufgeführt, ein Jahr später ging man schon in das größere Gärtnerplatztheater, ab 1913 in das noch größere Volkstheater. Die wachsende Zuschauerzahl ließ in Steiner den Wunsch nach einem eigenen Theater entstehen, und so entwarf er bereits 1911 die Pläne für das erste Goetheanum. Doch durch den Brand und den anschließenden Neubau wurden die Stücke erst 1928 erstmals in Dornach aufgeführt.

---

59 Ebenda.

60 Ebenda, S. 1033. Zander gibt eine ausführliche Analyse der Mysteriendramen, auf die hier verwiesen werden soll.

61 Thomas Koerner, Steiners ‚Mysterientheater', Altendorf 1982, S. 120ff.; S. 133ff.

62 Helmut Zander, Anthroposophie in Deutschland, Bd. 2, S. 1034.

63 Ebenda, S. 1036.

Im Zusammenhang mit seiner Theaterarbeit und inspiriert durch den Besuch der Bayreuther Festspiele 1914 wollte Steine für die Aufführungen seiner Mysterienspiele wie Wagner einen eigenen Bau, der zugleich das Zentrum der deutschen anthroposophischen Bewegung werden sollte. Nachdem Pläne, den Bau in München zu errichten, sich mangels eines geeigneten Grundstücks zerschlagen hatten, entschied Steiner, das Angebot einer reichen Baseler Familie anzunehmen, die ihm wenige Kilometer von Basel entfernt ein großes Grundstück zur Verfügung stellte.[64] Schon zuvor war Geld bei den Mitgliedern der Theosophischen Gesellschaft gesammelt worden und einige besonders betuchte Mitglieder spendeten große Summen.[65] Die Planungen selbst zogen sich über eine längere Zeit hin, es gab unterschiedliche Entwürfe, die wesentlich von den Ideen Steiners geprägt waren. Im Mai 1912 lagen die Pläne vor, am 20. September 1913 wurde der Grundstein für das Goetheanum gelegt. Am 26. September 1919 wurde der Bau eröffnet, er sollte in erster Linie dazu dienen, die Mysterienspiele in einem neuen Ambiente darzubieten und zugleich eine Hochschule für Geisteswissenschaften und ein Krankenhaus beherbergen sowie umgeben werden von Häusern für eine Theosophenkolonie. Der Bau selbst war von einiger Kompliziertheit, die statischen Berechnungen schwierig, auch die architektonischen Formen neuartig und schwer umzusetzen, aber am Ende feierte man im März 1914 Richtfest. Im Oktober 1919 wurden die Gerüste dann abgebaut, die zuvor für den Innenausbau noch benötigt worden waren, und am 20. September 1920 wurde der Bau dann mit der ersten Hochschulwoche in Betrieb genommen.[66]

Das Goetheanum war ein Holzbau, mit grünem norwegischem Schiefer gedeckt, ein Rundbau mit einer Doppelkuppel, von ganz eigener architektonischer Form, die Steiner wesentlich mitentworfen hatte, und die sich an „mythologisch inspirierten, rosenkreuzerisch-symbolistischen Saal- und Theaterausstattungen"[67] orientierte. Der Bau wollte die kosmische Ordnung sichtbar werden lassen,

---

[64] Heiner Ullrich, Rudolf Steiner, S. 68ff.

[65] Helmut Zander, Rudolf Steiner, S. 310ff.

[66] Helmut Zander, Rudolf Steiner, S. 317.

[67] Ebenda.

er war angeregt durch die dreigliedrige Gestalt des Menschen, die nach Steiner aus Kopf, Herz und Hand besteht. Die Doppelkuppel repräsentierte das Wechselspiel von Sprechen und Zuhören, die unter der größeren Kuppel Versammelten erhielten aus der kleineren Kuppel die „Offenbarungen aus den Welten".[68] Wie in Bayreuth das Festspielhaus als Ort des sich ereignenden Gesamtkunstwerks von Wagner konzipiert worden war, so das Goetheanum ebenfalls von Steiner. Hier sollte das Wesen des Menschen dargestellt und mitvollzogen werden, alle beteiligten Künste sollten die Verbindung zur geistigen Welt herstellen. „Das erste Goetheanum mit dem Komplex aus Villen und Ateliers, der es umgibt, steht als kultisch wirkendes Gesamtkunstwerk mit seinem biomorphen Symbolismus stilistisch und ideell in enger Beziehung zum zeitgenössischen deutschen Jugendstil", urteilt Heiner Ullrich[69], und stellt damit auch die Verbindung Steiners zur Lebensreformbewegung her, deren Teil die Anthroposophie insoweit ist, als sie aus dem vorherrschenden Denk- und Handlungsschema der Zeit ausbricht und eine deutliche Alternative anbietet. Was die Architektur Steiners und speziell das Goetheanum betrifft, so ist darauf hinzuweisen, dass Steiner den in der Lebensreform führenden Künstler des Jugendstils, Hugo Höppner, genannt: Fidus, seit seinen Berliner Jahren gut kannte, einen engagierten Wagnerianer, der immer wieder Tempelentwürfe gezeichnet hat, z.B. einen Tempel der Erde, einen Musiktempel, die Steiner vermutlich gekannt haben dürfte.[70] Nicht nur an diesem Bau zeigt sich, dass die Anthroposophie mit vielen Strömungen der Zeit in enger Berührung stand.

In der Silvesternacht 1922 ging das aus Holz gebaute Goetheanum in Flammen auf – vermutlich Brandstiftung. Alle Versuche, den Brand zu löschen, misslangen, der Bau brannte bis auf die Grundmauern nieder. Steiner, obgleich niedergeschlagen, war gewillt, das Goetheanum wieder aufzubauen und entwarf ein neues Gebäude, diesmal aus Beton, damit es nicht wieder einer Brandstiftung zum Opfer fallen könne, architektonisch nicht mehr so sehr dem Jugendstil verpflichtet, sondern in einer eigenen Formsprache, die aber ebenfalls auf die weltanschaulichen Grundpositionen der

---

68 Ebenda, S. 72.

69 Ebenda, S. 73.

70 Zu Fidus ausführlich: Udo Bermbach, Richard Wagners Weg zur Lebensreform, S. 217ff.

Anthroposophie Bezug nahm. Abkehr vom rechten Winkel als Prinzip und Anlehnung an expressionistische Bauformen charakterisieren diesen zweiten Bau in Dornach und sind für die Anthroposophen bis heute verbindlich. Helmut Zander beschreibt die Neubau-Pläne wie folgt: Steiner „hatte einen radikalen Neuanfang gewagt: Anstelle der ‚organischen' Formen des Jugendstils fanden sich nun kristalline, stereometrische Formen, um das Baumaterial Holz, obwohl es weltanschaulich tief imprägniert war, durch Beton zu ersetzen. Dafür musste Steiner einen hohen ideologischen Preis entrichten. Denn die Formen des Johannesbaus (des alten Goetheanums, U.B.) hatte er noch mit der Theorie begründet, dass sie auf keinen Fall Symbole seien, sondern ‚gebackene' Theosophie, sozusagen unmittelbarer Ausdruck einer geistigen Welt. Im Neubau hingegen hatte er zentrale Elemente des Johannesbaus aufgegeben; auch das komplexe pythagoräische Spiel mit Proportionsbezügen und Symmetrieachsen, die die Seele des Johannesbaus mitgeprägt hatten, waren so nicht mehr zu realisieren. Und aus dem Neubau nochmals ein Gemeinschaftswerk zu machen, war angesichts der hohen technischen Anforderungen eines Betonbaus illusorisch. [...] Der neue Baustoff verlangte zwingend einen neuen Baustil, und es war schon bewundernswert, mit welcher Konsequenz Steiner sich auf die Anforderungen des neuen Materials einließ. [...] Diese ‚expressionistische' Gestaltung, die er durchsetzte, stand bei jungen Architekten damals hoch im Kurs."[71]

In Dornach sammelte man Geld für die Wiedererrichtung des Baus und die Auszahlung der Versicherungssumme erlaubte dann den Beginn der Bauarbeiten. 1924 war das Baugesuch für den Wiederaufbau genehmigt – da war Steine schon schwer krank, so dass Architekten die Realisierung des Neubaus übernehmen mussten. Sie änderten manches, was Steiner geplant hatte, vor allem im Innenraum. Was blieb, war die Zweckbestimmung: Im Zentrum entstand ein Versammlungs- und Theaterraum, in dem – wie beim ersten Bau – Goethes Faust oder auch Steiners Mysterienstücke aufgeführt und die Versammlungen der Anthroposophen abgehalten werden konnten. Und wie Steiner es formulierte: „Das Ganze des Baues und jede Einzelheit sind aus demselben Geiste heraus erflossen, der an diesem Orte einen Mittelpunk seines Wirkens sich schaffen möchte.

---

[71] Helmut Zander, Rudolf Steiner, S. 423f.

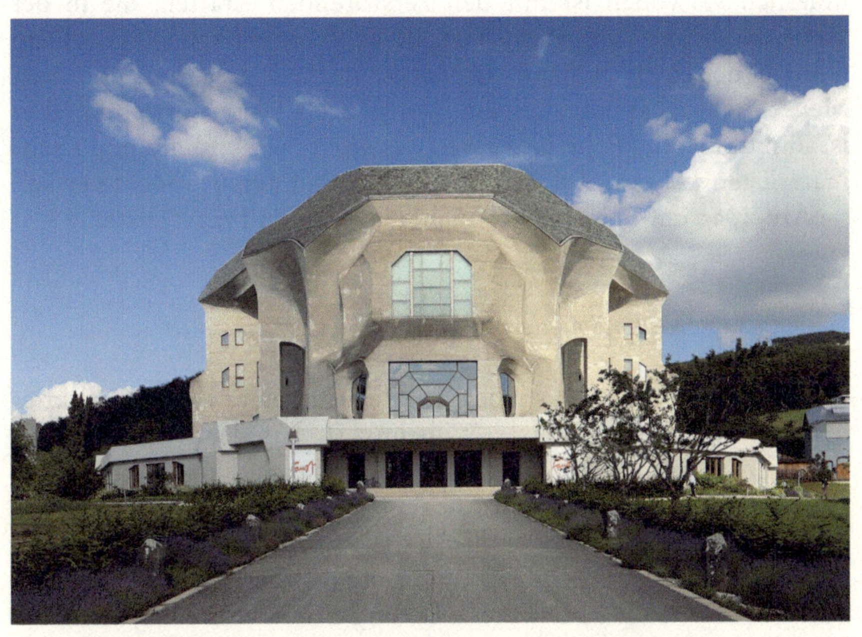

Goetheanum, Aussenansicht Westfassade, Foto Roland Halfen, Rudolf Steiner Archiv, Dornach, Schweiz

Und dieser Geist will dem Neuaufbau wissenschaftlichen, seelischen und sozialen Lebens dienen. Er ist erwachsen aus der Überzeugung, dass die menschliche Seelenverfassung, die im Beginne des zwanzigsten Jahrhunderts ihren Höhepunkt erreicht hatte, innerlich verwoben ist mit den zerstörenden Kräften, die in der Weltkatastrophe ihre wahre Gestalt geoffenbart haben. [...] Dem Geiste, der hier gemeint ist, liegt engherziges Errichten von Menschheitsschranken, seinem Wesen nach fern. Notwendig aber ist ihm das einheitliche Umfassen des seelischen und des praktisch-materiellen Lebens. Aus diesem Untergrund heraus möchte er seine Arbeit an der Bewältigung auch der ‚sozialen Frage' leisten."[72]

Die Dreigliederung des sozialen Organismus

Diese soziale Frage stand auch nach dem Ende des Ersten Weltkries und der Abdankung Kaiser Wilhelms II. auf der Tagesordnung. Nachdem die monarchische Ordnung des Reiches zusammengebrochen war, entstanden zunächst überall spontan Arbeiter- und Soldatenräte und für eine Weile schien es, als würde sich das Rätemodell als kommendes politisches Ordnungsmodell herausbilden und etablieren.[73] Doch die SPD unter Führung Friedrich Eberts drang auf Einführung eines parlamentarischen Systems und berief zunächst, als stärkste Partei Deutschlands, eine Nationalversammlung nach Weimar ein, die eine neue Reichsverfassung ausarbeiten sollte. Sie wurde am 31. Juni 1919 beschlossen und trat am 14. August 1919 in Kraft. Mit ihr bekam Deutschland ein parlamentarisches Regierungssystem, in dem der Reichspräsident eine starke Stellung hatte.

Während der Zeit der Verfassungsdebatten gab es im Reich überall soziale Unruhen und von der politischen Linken bis zur politischen Rechten Diskussionen über die zukünftige soziale

---

72 Rudolf Steiner, Das Goetheanum und die Stimme der Gegenwart (1920) in: Über die Dreigliederung des sozialen Organismus und zur Zeitlage, S. 127 und S. 130. Steiners Vorträge zur Gliederung der Gesellschaft/ Politik/ Kultur sind gesammelt in den Bänden der GA, Bde. 312–319 sowie in den Bde. 328–341.

73 Zu den Räten in der Weimarer Republik vgl. Eberhard Kolb, Die Arbeiterräte in der deutschen Innenpolitik 1918 – 1919, Düsseldorf 1962, und allgemein: Udo Bermbach, Theorie und Praxis der direkten Demokratie. Texte und Materialien zur Räte-Diskussion, Köln/Opladen 1973.

Struktur der Gesellschaft. Rudolf Steiner hatte bereits vor dem politisch-wirtschaftlichen Zusammenbruch des Reiches sich zum Aufbau einer kommenden Gesellschaft geäußert, nahm aber nun, da die öffentliche Auseinandersetzung darüber entbrannt war, auch öffentlich dazu Stellung.[74] In einem *Aufruf an das Deutsche Volk und an die Kulturwelt* vom März 1919 beschwor er eine radikale Wende des Denkens und der politischen Organisation, meinte, „dass keine im Sinne dieser alten Denkgewohnheiten gebildeten Gemeinschaft aufnehmen kann, was man von ihr aufgenommen wissen will."[75] Es sei die Aufgabe der Zukunft, „mit vollem Bewußtsein" all das zu durchdringen, was notwendig sei. Und dann schlug er eine Dreigliederung vor: „Der soziale Organismus ist gegliedert wie der natürliche. Und wie der natürliche Organismus das Denken durch den Kopf und nicht durch die Lunge besorgen muß, so ist dem sozialen Organismus die Gliederung in Systeme notwendig, von denen keines die Aufgabe des anderen übernehmen kann, jedes aber unter Wahrung seiner Selbstständigkeit mit den anderen zusammenwirken muß." Dreigliederung meinte: Wirtschaft, Politik, Kultur. Dazu hieß es: „Das wirtschaftliche Leben kann nur gedeihen, wenn es als selbständiges Glied des Organismus nach seinen eigenen Kräften und Gesetzen sich ausbildet, und wenn es nicht dadurch Verwirrung in sein Gefüge bringt, daß es sich von einem anderen Gliede des sozialen Organismus, dem politisch wirksamen, aufsaugen läßt. Dieses politisch wirksame Glied muß vielmehr in voller Selbständigkeit neben dem wirtschaftlichen bestehen, wie im natürlichen Organismus das Atmungssystem neben dem Kopfsystem. Ihr heilsames Zusammenwirken kann nicht dadurch erreicht werden, daß beide Glieder von einem einzigen Gesetzgebungs- und Verwaltungsorgan aus versorgt werden, sondern daß jedes seine eigene Gesetzgebung und Verwaltung hat, die lebendig zusammenwirken. Denn das politische System muß die Wirtshaft vernichten, wenn es sie übernehmen will; und das wirtschaftliche System verliert seine Lebenskräfte, wenn es politisch werden will.

74 Rudolf Steiner, Die soziale Frage als Bewußtseinsfrage, 3 Bde., GA, Dornach Bd. 189, 1980; Bd. 190, 1980; Bd. 191, 1983.

75 Rudolf Steiner, An das Deutsche Volk und an die Kulturwelt, in: Über die Dreigliederung des sozialen Organismus und zur Zeitlage. Schriften und Aufsätze 1915–1921, GA, Bd. 124, Dornach 1982, S. 431. Hier und auf der folgenden Seite auch die folgenden Zitate.

Zu diesen beiden Gliederungen des sozialen Organismus muß in voller Selbständigkeit und aus seinen eigenen Lebensmöglichkeiten heraus gebildet ein drittes treten: das der geistigen Produktion, zu dem auch der geistige Anteil der beiden anderen Gebiete gehört, der ihnen von dem mit eigener gesetzmäßiger Regelung und Verwaltung ausgestatteten dritten Gliede überliefert werden muß, er aber nicht von ihnen verwaltet und anders beeinflußt werden kann, als die nebeneinander bestehenden Gliedorganismen eines natürlichen Gesamtorganismus sich gegenseitig beeinflußen."

Steiner entwarf ein organisches Modell, das zwischen Sozialismus und Kapitalismus einen dritten Weg suchte. Die drei Bereiche waren: das Wirtschaftsleben, das Produktion und Konsumtion von Waren und Dienstleistungen umfasste; das Rechtsleben, das Gesetze, Verwaltungsanordnungen und Institutionen wie die Justiz betraf; schließlich das Geistesleben, das Bildung, Wissenschaft, Kultur und Religion organisierte. Jedem dieser Bereiche waren Prinzipien der französischen Revolution zugeordnet: dem Geistesleben die Freiheit, dem Rechtsleben die Gleichheit und dem Wirtschaftsleben die Brüderlichkeit. Mit diesem Organisationsmodell erhoffte Steiner sich nicht nur ein funktionierendes Gesellschaftsmodell, sondern auch eines, das die fortschreitende Emanzipation unterstützen würde. Im Winter 1918/19 formulierte er noch „Leitsätze für die Dreigliederungsarbeit"[76], die eine Konkretisierung seines sehr allgemein gehaltenen, oben zitierten Organisationsvorschlags brachten. In Zusammenarbeit mit einem Unternehmer wurde im April 1919 in Stuttgart der *Bund für Dreigliederung des sozialen Organismus* gegründet, der Steiners Gesellschaftsidee unterstützte. Diese Idee war in gewisser Weise basisdemokratisch intendiert, denn in den drei Bereichen sollen die organisierten Menschen an den zu treffenden Entscheidungen beteiligt sein. Das begrenzte die Macht des Zentralstaates und der politischen Parteien, rückte der Idee genossenschaftlicher Selbstverwaltung – wie sie auch Wagner in seinen revolutionären Schriften der Dresdner und Züricher Zeit vertrat[77] – nahe.

---

[76] Rudolf Steiner, Über die Dreigliederung, S. 434ff.

[77] Vgl. Udo Bermbach, Der Wahn des Gesamtkunstwerks, S. 234ff. (Genossenschaften).

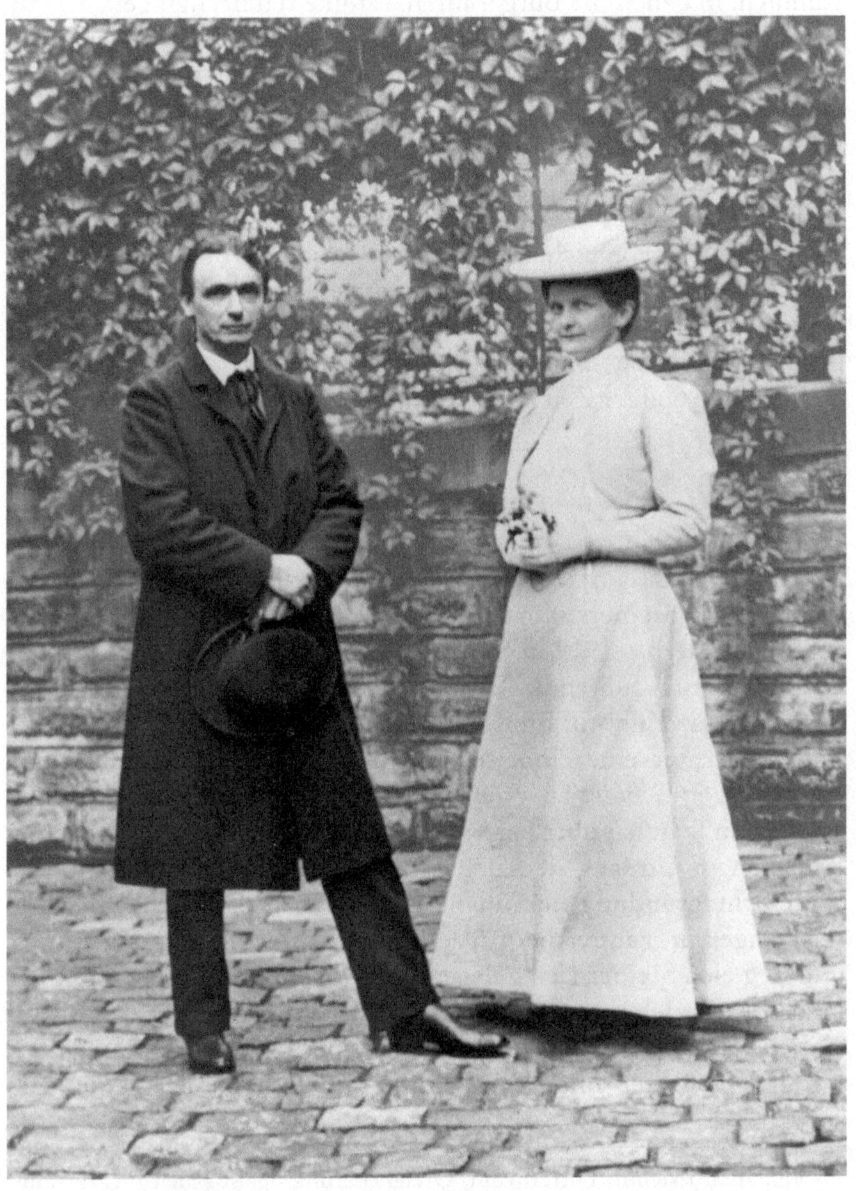

Rudolf Steiner und Marie von Sivers, Stuttgart, 1908,
Rudolf Steiner Archiv, Dornach, Schweiz

Der Staat sollte offenbar nur noch die Rahmenbedingungen bestimmen, in denen die Bürger ihren Tätigkeiten nachgingen.[78]

Steiner war wohl der Meinung, dass sowohl die Arbeiter – aufgrund ihres Mitspracherechtes – wie die Unternehmer – aufgrund der weiterhin privatkapitalistisch organisierten Wirtschaft – seinem Modell würden zustimmen können. Doch beides war nicht der Fall. Die Gewerkschaften fürchteten, die Kontrolle über ihre Betriebsräte zu verlieren, die Unternehmer wollten die alleinige Führung ihrer Betriebe nicht abgeben.[79] Obwohl der *Bund für Dreigliederung des sozialen Organismus* zeitweilig durchaus öffentliche Resonanz hatte, ließen sich Steiners Pläne nicht gegen die bestehenden Interessen- und Machtgruppen realisieren. So wandte sich Steiner nach einiger Zeit wieder seinen eigentlichen Interessen zu.

Die Waldorf Schulen

In direktem Zusammenhang mit den gesellschaftlichen Reformbemühungen Steiners stand auch die Gründung der ersten Waldorf-Schule im Herbst 1919 in Stuttgart. Der im *Bund für die Dreigliederung* bereits führende Unternehmer und Chef der Waldorf-Astoria-Zigarrenfabrik Emil Molt schlug Steiner vor, für die Kinder seiner Arbeiter eine einheitliche Volks- und Höhere Schule, die *Freie Waldorf-Schule*, zu gründen, die den vermeintlich schlechten staatlichen Schulen überlegen sein sollte, und er finanzierte auch in erheblichem Umfang den Betrieb der Schule. Steiner akzeptierte. Seine Schulgründung fiel in eine Zeit, da es in Deutschland schon seit längerem zahlreiche pädagogische Reformbewegungen gab, und obgleich Steiner sich gelegentlich, gleichsam nebenbei, mit der Frage der Erziehung von Schülern nach anthroposophischen Prinzipien befasst hatte,[80] gab es zum Zeitpunkt der Gründung kein fertiges Konzept einer anthroposophischen Schule. Ohne dass

---

[78] Vgl. auch Joachim Luttermann, Dreigliederung des sozialen Organismus: Grundlinien der Rechts- und Soziallehre Rudolf Steiners, Frankfurt/M. 1990.

[79] Heiner Ullrich, Rudolf Steiner, S. 80.

[80] Rudolf Steiner, Erziehungskunst. Methodisch-Didaktisches (1919), GA, Bd. 294, Dornach 1990. Vgl. auch die entsprechenden Passagen zu den Walddorfschulen in: Das Wesen der Anthroposophie, S. 99ff.

Steiner sich systematisch bei anderen Reformprojekten umgeschaut und bedient hätte, wies sein nach einiger Zeit entwickeltes Konzept durchaus Ähnlichkeiten mit anderen Reformprojekten auf,[81] hatte aber zugleich bestimmte Eigenheiten, die den anderen fehlten. Zunächst: Die Schule war selbstverwaltet, hatte keinen Direktor sie hatte einen starken Akzent auf der musischen und künstlerischen sowie der handwerklichen Bildung, verzichtete auf Noten, es gab – neben verpflichtenden Fächern wie Deutsch, Mathematik usw. – Besonderheiten wie Handarbeit für Mädchen und Jungen[82] und Eurythmie als obligatorisches Unterrichtsfach. Als die Schule am 7. September 1919 eröffnet wurde, hatten sich 191 Arbeiterkinder und 65 Kinder aus wohlhabenden anthroposophischen Elternhäusern angemeldet, eine Gesamtzahl von 256 Schülern, die sich noch im selben Jahr verdreifachte.[83] Steiner hatte vor der Öffnung der Schule ein Lehrerkollegium zusammengestellt, in dem die meisten der Unterrichtenden keine fachliche und pädagogische Ausbildung hatten, was zur damaligen Zeit für Privatschulen noch möglich war. In der Folgezeit kümmerte er sich intensiv um die Entwicklung dieser Stuttgarter Schule, nahm an Lehrerkonferenzen teil, nahm Einfluß auf den Lehrplan und versuchte, die Anthroposophie zur Grundlage des Erziehungskonzeptes zu machen. „Ist es nicht schließlich eine höchst heilige, religiöse Verpflichtung, das Göttlich-Geistige, das ja in jedem Menschen, der geboren wird, neu erscheint und sich offenbart, in der Erziehung zu pflegen?“ hatte er zur Eröffnung der Stuttgarter Schule gefragt und hinzugefügt: „Lebendig werdende Wissenschaft! Lebendig werdende Kunst! Lebendig werdende Religion! – das ist schließlich Erziehung, das ist schließlich Unterricht.“[84]

Helmut Zander, der in seiner Steiner-Biographie auch ausführlich auf das Konzept der Walddorf-Schulen eingeht, bringt gravierende kritische Einwände gegen dieses Konzept vor. Unzulängliche Unterrichtsinhalte, Nachdruck auf Autorität der Lehrer, kultische Elemente, die christliche ersetzen, subkutane Weltanschauungsschule und einiges mehr zeigen Defizite gegenüber dem primären Postulat einer Erziehung auf, die auf die Entfaltung der freien Fä-

[81] Heiner Ullrich, Rudolf Steiner, S. 84.
[82] Helmut Zander, Rudolf Steiner, S. 373.
[83] Heiner Ullrich, Rudolf Steiner, S. 85.
[84] Zitiert nach ebenda.

higkeiten der Schüler abzielen und deren Autonomie entwickeln sollten. Das muss hier nicht im Einzelnen referiert und debattiert werden, weil es ein eigenes Kapitel der anthroposophischen Bewegung ist. Festzuhalten bleibt allerdings, dass Steiner mit seiner Waldorf-Pädagogik den Schülern jene Mittel zur Verfügung stellen wollte, die zu einer freien, selbstbewussten Existenz führen sollten, fähig, auch das zu erkennen, was hinter der Realität liegt. „Steiner will einen Weg weisen, wie man durch bestimmte Konzentrationsübungen allmählich zu einer tieferen Erkenntnis des Wesens der Seele des Menschen, ja der Welt gelangt.“[85] Und das ist auch ein Kern der Waldorf-Programmatik.

Heilkunst

Nach der Gründung der Waldorfschule in Stuttgart wandte Steiner sich der Medizin zu und entwarf in einem Vortrag im Frühjahr 1920 vor akademisch ausgebildeten Ärzten eine anthroposophisch intendierte, ‚ganzheitliche‘ Medizin. Obwohl medizinischer Laie, hatte er sich schon früher mit der Homöopathie beschäftigt und mit Medizinern darüber kommuniziert. Ita Wegmann, seine Leibärztin und Anthroposophin, war eine seiner wichtigsten Gesprächspartnerinnen, und mit ihr gründete er auch zwei Kliniken, eine in der Nähe von Dornach und eine zweite in Stuttgart. In seiner Schrift *Grundlegendes zu einer Erweiterung der Heilkunst nach geisteswissenschaftlichen Erkenntnissen*[86], die er zusammen mit Ita Wegmann verfasst hatte, plädierte er dafür, die akademische Medizin durch alternative Heilverfahren zu ergänzen und Krankheiten aus einem ganzheitlichen anthroposophischen Krankheitsverständnis heraus zu therapieren. Die klassische Medizin sollte gleichsam durch eine „geistige Heilkunst“[87] vervollständigt werden. Es ging ihm darum, Körper, Geist und Seele in ein harmonisches, ausgewogenes Verhältnis zu bringen, weil nur dann Gesundheit möglich

---

85 Heiner Ullrich, Rudolf Steiner, S. 206.

86 Rudolf Steiner, Grundlegendes zur Erweiterung der Heilkunst nach geisteswissenschaftlichen Erkenntnissen (1925), GA, Bd. 27, Dornach 1984. Steiners Vorträge zur Medizin sind gesammelt in den Bänden der GA, Bde. 312–319.

87 Heiner Ullrich, Rudolf Steiner, S. 87.

wurde. Steiner stand mit seiner Lehre in Konkurrenz zu einer Vielzahl ‚alternativer' Heilmethoden, die zu seiner Zeit geübt wurden. Erinnert werden soll nur beispielhaft an die Wasserkuren von Sebastian Kneipp, einem katholischen Priester in Bad Wörishofen; an den schlesischen Landwirt Vincenz Prießnitz, der Wadenwickel und Sturzbäder propagierte, Kaltwasseraufgüsse und Schwitzkuren empfahl, oder auch den Schweizer Arnold Rikli, der Licht- und Luftbäder verordnete; auch an Emanuel Felke, der seinen evangelischen Pastorenberuf aufgab, um Heiler mit Lehmkuren zu werden.[88] Daneben gab es zahleiche Ernährungskonzepte, die bei richtiger Anwendung Besserung, gar Genesung von Krankheiten versprachen. In der Weimarer Republik zählte man etwa 2000 Mitglieder in 900 Vereinen, die alle auf Alternativmedizin setzten und teilweise eng vernetzt mit der Lebensreformbewegung waren, in der solche Verfahren ja auch Konjunktur hatten, wie beispielsweise auf dem Monte Verità, in dessen Gründungsurkunde es hieß, ein Gedanke sei „die Gründung einer Naturheilanstalt für solche Menschen, welche in Befolgung einfacher und natürlicher Lebensweise entweder vorrübergehend Erholung, oder durch dauernden Aufenthalt Genesung finden [...] wollen."[89] Zu beiden Zwecken wurden dort Lichtbäder angeboten, d.h. die Patienten lagen auf breiten Liegen in der Sonne und erhofften sich von der frischen Luft zusammen mit dem Sonnenlicht eine die Gesundheit fördernde Wirkung.

Die alternative Ergänzung, die Steiner der akademischen Medizin vorschlug, ging in eine ähnliche Richtung, auch wenn sie anders begründet war. Für Steiner war der untere Körper jener Teil, der durch den Stoffwechsel für Bewegung sorgte und das Willensleben bestimmte; der obere Teil des Körpers ist das Nerven-Sinnen-System, Träger des Vorstellungslebens; die Köpermitte sorgte für den Ausgleich zwischen beiden, Atem, Herz und Kreislauf bestimmten ein rhythmisches System, waren Träger des Gefühlslebens. Krankheiten entstanden nach Steiner durch Störungen zwischen diesen Systemen, und dies zu verstehen, bedeutet eine Krankheit und den kranken Menschen ‚ganzheitlich' zu verste-

88 Helmut Zander, Rudolf Steiner, S. 392. Hier auch die folgenden Angaben.
89 Zitiert nach Udo Bermbach, Richard Wagners Weg zur Lebensreform, S. 157.

hen.[90] Hinzu kamen, was hier nicht weiter erläutert werden soll, das Einbeziehen der Reinkarnation und des Karmas, weil Krankheiten auf frühere Defekte des geistigen Ichs hinweisen konnten.[91] Erst das harmonische Verhältnis der Körperteile konnte den Heilungsprozess in Gang setzen und stabilisieren.

Landwirtschaft

Die anthroposophische Bearbeitung der konventionellen Landwirtschaft war das letzte Thema, dem sich Steiner noch vor seinem frühen Tod widmete. Angeregt durch die Bitte eines schlesischen Großgrundbesitzers, Aufschluss über eine anthroposophische Lehre der Landwirtschaft zu erhalten,[92] nahm sich Steiner dieses Themas an. Zunächst kritisierte er die moderne, durch den Einsatz chemischer Mittel hoch effiziente Form der Bodenbearbeitung und bemängelte, dass der „ursprüngliche Organismus [...] zum mechanistisch gedachten Modell [geworden sei, U.B.), dessen Struktur und Funktionen im Hinblick auf Einkommenssteigerung technisch optimiert werden können."[93] Dieses mechanistische Verhältnis zu Pflanzen und Tieren sei ebenso falsch wie die daraus folgende monokulturelle Spezialisierung. Hinter der modernen Landwirtschaft sah Steiner eine materialistische Weltauffassung, die die ursprünglichen Zusammenhänge in der Natur leugne und zerstöre. Dagegen müsse eine anthroposophisch angeleitete Landwirtschaft auf die großen Zusammenhänge der Natur achten, „gewissermaßen die Natur im Großen anschauen."[94] Um diese großen Zusammenhänge deutlich zu machen, zog Steiner die Sterne und Planeten und deren Einfluss auf die Bewirtschaftung der Böden hinzu und behauptete unterschiedliche Wirkungen verschiedener Planeten auf Pflanzen, einige auf Tiere und wenige auf Menschen.[95]

---

90 Heiner Ullrich, Rudolf Steiner, S. 89; vgl. auch Helmut Zander, Rudolf Steiner, S. 398ff.

91 Die Anthroposophen verfügen in Deutschland zurzeit über 9 Akutkliniken und 6 Reha-Kliniken. Sie sind mit Krankenhäusern und Ärzten in 80 Ländern der Welt vertreten.

92 Helmut Zander, Rudolf Steiner, S. 452ff.

93 Heiner Ullrich, Rudolf Steiner, S. 165.

94 Ebenda, S. 166.

95 Ebenda, S. 166f.

Also sollte die Landwirtschaft umgestellt werden. Die chemische Düngung, gegen deren Einsatz Steiner keinen grundsätzlichen Einwand erhob, sollte allerdings langfristig natürlichen Düngern weichen. Alles, Pflanzenanbau wie Tierzucht, sollten sich an natürlichen Entwicklungen orientieren, wobei Steiner eine höchst differenzierte Lehre über die Zusammensetzung von Düngern entwickelte. Die Betriebe sollten sich selbst versorgen. Es sind Grundsätze einer biologisch-dynamischen Landwirtschaft, die Steiner entwickelte, und die so ausgelegt sind, dass die natürlichen Ressourcen genutzt und zugleich geschont werden sollten. Steiner nahm in gewisser Weise vorweg, was heute unter alternativer, auf natürlichen Grundlagen beruhende Landwirtschaft verstanden wird. „Niemand konnte 1924/25 absehen, welche steile Karriere die anthroposophische Landwirtschaft machen würde, die im 21. Jahrhundert als unbeugsame Anbieterin biologischer Nahrungsmittel fest etabliert ist.“[96] Heute sind die Betriebe, die nach solchen Grundsätzen wirtschaften, im Demeter-Bund zusammengeschlossen, wobei es in Deutschland etwa 1400 Betriebe gibt, weltweit etwa 3500.[97]

Steiner war, das sollte deutlich geworden sein, nicht nur ein Theoretiker, der die Entwicklung der Anthroposophie vorantrieb, sondern er war zugleich immer auch an der praktischen Umsetzung seiner weltanschaulichen Vorstellungen interessiert, selbst wenn er von den jeweiligen Sachbereichen wenig Ahnung hatte. Mit einer bewundernswerten Energie arbeitete er sich ein und entwarf Konzepte, die so angelegt waren, dass mit ihnen – auch in Ergänzung – bis heute damit gearbeitet werden kann.

Tod

Steiner war ein workoholic, ein unermüdlicher Arbeiter, der entweder schrieb oder aber mit geradezu unfassbarer Energie Abend für Abend Vorträge hielt, in immer neuen Städten und an immer neuen Orten. Über dreihundert Bände seiner Gesamtausgabe enthalten diese Vorträge und sind das Dokument eines unglaublich disziplinierten und fleißigen Menschen.

---

96 Helmut Zander, Rudolf Steiner, S. 459.
97 Heiner Ullrich, Rudolf Steiner, S. 170f.

Im September 1924 musste Steiner infolge körperlicher Erschöpfung ins Krankenhaus, wo er nach sechs Monaten in Dornach mit nur 64 Jahren starb.

Hauptmomente der Anthroposophie

Im Folgenden sollen, ohne zu sehr ins Detail zu gehen, die wesentlichen Teile von Steiners Anthroposophie skizziert werden, weil anders die Wagner-Adaption Steiners nicht nachvollzogen werden kann. Es geht um die grundlegenden Thesen der anthroposophischen Weltanschauung, wie sie nach Steiners Trennung von den Theosophen 1912 unter dem neuen Namen Anthroposophie ausgearbeitet worden sind, und wie sie Steiner auch in Wagners-Musikdramen als deren elementare Bestandteile ausmachte. Was Steiner über Wagners Musikdramen auslegend schreibt, ist keine Interpretation im üblichen Sinne, sondern eine Inkorporation von ausgewählten Teilen in das Gedankengebäude der Anthroposophie.

„Anthroposophie möchte die menschliche Erkenntnis bis zu denjenigen Gebieten führen, in denen die großen Lebens- und Seelenfragen liegen, die Fragen, welche sich beschäftigen mit dem menschlichen Schicksal im Großen, mit der Frage der Ewigkeit der Menschenseele, mit demjenigen, was aus der Welt jenseits von Geburt und Tod hereinwirkt in das menschliche Leben und so weiter. Aber diese Anthroposophie will ihre Forschung durchaus anstellen im Einklang mit dem gegenwärtigen Wissenschaftsgeist [...] Aber allerdings muß Anthroposophie hinausgehen über diejenigen Ergebnisse, die heute von der anerkannten Wissenschaft gefunden werden können. Dennoch aber bringt diese Anthroposophie gerade der modernen Naturwissenschaft die größte Schätzung und die vollste Anerkennung entgegen“.[1] So beginnt Steiner einen Vortrag am 19. November 1921 in Berlin, mit dem er eine große Vortragsreihe über *Das Wesen der Anthroposophie* startet und mit dem er den Zuhörern einige Grundlagen über die Anthroposophie mitteilen will.

[1] Rudolf Steiner, Anthroposophie und Geisteswissenschaft, (1921), in: Das Wesen der Anthroposophie, GA, Bd. 80a, Dornach 2019, S. 21.

Grundlegend für Steiner war die Erneuerung der mysthischen Erfahrung, die er für eine durch die moderne (Natur-)Wissenschaft geprägte Zivilisation zurückgewinnen wollte. Wie Wagner ging er davon aus, dass die Einheit der geistigen Welt des Menschen mit der Natur durch die moderne, materialistisch geprägte Zivilisation verloren gegangen sei und es nun darauf ankomme, dass der einzelne Mensch den Zustand dieser ‚Entfremdung' – wie Marx formuliert hatte – überwinden müsse, um wieder in jene verlorene Einheit zurückzufinden. Exakt bezeichnet ist hier, was Richard Wagner immer wieder die „Einheit alles Lebenden"[2] genannt hat, die – so Wagner – den Menschen inzwischen verloren gegangen sei. In Abhandlungen über *Meister Eckart*, *Johannes Tauler*, *Heinrich Suso*, *Johannes Ruysboeck*, *Nicolaus von Kues*, *Agrippa von Nettesheim* und *Theophrastus Paracelsus*, *Valentin Weigel* und *Jacob Böhme*, *Giordano Bruno* und *Angelus Silesius* sucht Steiner die Mystik für sein Denken fruchtbar zu machen: „Gemeinsam ist diesen Geistern ein starkes Gefühl dafür" – schreibt er –, „daß in der Selbsterkenntnis des Menschen eine Sonne aufgeht, die noch etwas ganz anderes beleuchtet als die zufällige Einzelpersönlichkeit des Betrachters. Was Spinoza in der Ätherhöhe des reinen Gedankens zum Bewußtsein gekommen ist, daß die ‚menschliche Seele eine zureichende Erkenntnis von dem ewigen und unendlichen Wesen Gottes' hat, das lebte in ihnen als unmittelbare Empfindung, und die Selbsterkenntnis war ihnen der Pfad, zu diesem ewigen und unendlichen Wesen zu dringen. Ihnen war klar, daß die Selbsterkenntnis in ihrer wahren Gestalt den Menschen mit einem neuen Sinn bereichert, der ihm eine Welt erschließt, die sich zu dem, was ohne diesen Sinn erreichbar ist, verhält wie die Welt des körperlich Sehenden zu der des Blinden."[3] Und an anderer Stelle heißt es: „Die mystischen Bestrebungen sind darauf gerichtet, die Erkenntnis mehr oder wenig abzuwenden von der äußeren Sinneswelt, mehr oder weniger auch abzuwenden von der individualistischen Durchdringung

---

[2] Z.B. Richard Wagner, Religion und Kunst, in: GSD, Bd. 10, S. 212.

[3] Rudolf Steiner, Die Mystik im Aufgang des neuzeitlichen Geisteslebens und ihr Verhältnis zur modernen Weltanschauung, GA, Bd. 7, Dornach 1987, S. 17. Vgl. auch Helmut Zander, Rudolf Steiner, S. 150ff.

dieser Sinneswelt und dafür das eigene Innere des Menschen zu schauen."[4]

Steiner plädiert also dafür, die Grenzen der Erkenntnis, die Kant aufgezeigt hatte, durch mystische Erfahrungen zu überschreiten und er glaubt, dass dies auch möglich ist. Für ihn geht es darum, dass wir „unsere Wahrnehmung den äußeren Dingen verschließen und nur auf das hören, was dann noch aus uns selbst tönt."[5] Diese innere Wahrnehmung macht den Menschen erst zu einem, der sich selbst bewußt ist: „Wenn ich mir in meiner Selbstwahrnehmung nicht aufleuchte, dann bin ich mir nicht vorhanden. Leuchte ich mir auf, dann habe ich mich aber auch in meiner Wahrnehmung in meiner ureigensten Wesenheit."[6] Steiner meint – und er zitiert als Beleg Fichte –, dass die Selbstwahrnehmung die Differenz zu den äußeren Dingen aufheben kann und zugleich die „Erweckung" des eigenen Ichs ist. Durch diesen Vorgang geschieht „ein Hinaufheben des Wissens, der Erkenntnis, auf eine höhere Stufe, auf der allen Dingen ein neuer Glanz verliehen wird."[7] Intuitiv ist dies den meisten Menschen auch bewußt, denn sie glauben, das mit dem, was der „zergliedernde Verstand" als Erkenntnis bringt, noch „nicht alles gegeben sein kann, was im Wesen der Dinge liegt."[8] Doch sie machen den Fehler, dieses Wesen der Dinge als etwas Äußeres zu betrachten, während es doch ein innerer Vorgang ist: „So klärt das Innere des Menschen sich nicht nur über sich selbst, sondern es klärt auch über die äußeren Dinge auf."[9] Und in diesem Klärungsprozess stellt sich das Weltgeschehen selbst in seinem geistigen Wesen gegenüber. Erst die äußere, gleichsam naturwissenschaftliche Erkenntnis der Welt in der Verbindung mit dem inneren Erleben macht das Ganze aus und hebt den Menschen auf eine höhere Stufe, auf der „kein Unterschied mehr zwischen Plato und mir [ist]; denn was uns trennt, gehört einer niederen

---

4 Rudolf Steiner, Anthroposophie und Wissenschaft (1921), in: Das Wesen der Anthroposophie, S. 24.

5 Ebenda, S. 19.

6 Ebenda, S. 20.

7 Ebenda, S. 21.

8 Ebenda, S. 26.

9 Ebenda, S. 27.

Erkenntnisstufe an. Wir sind nur als Individuum getrennt; das in uns wirkende Allgemeine ist ein- und dasselbe.“[10]

Die Aufhebung des Individuellen und seine Höherhebung zum „All-Ich“[11] ist für Steiner das „Ur-Myterium des Lebens.“ Goethe zieht er zum Beleg heran: „Kenne ich mein Verhältnis zu mir selbst und zur Außenwelt, so heiß‘ ich’s Wahrheit. Und so kann jeder seine eigene Wahrheit haben, und es ist doch immer dieselbige.“[12]

Am Beispiel der oben zitierten Mystiker sucht Steiner dann zu zeigen, dass es bei allen genau um diesen Unterschied zwischen üblichem Wissen und dem dies überbietendes geht, oder auch: zwischen Verstand und Glaube. Am Beispiel von Nicolaus von Kues macht er das besonders deutlich. Da heißt es, den katholischen Kardinal interpretierend: „Der Mensch erkennt zunächst die Dinge der Sinneswelt. Er macht sich Gedanken über ihr Sein und Wirken. Der Urgrund aller Dinge muß höher liegen als diese Dinge selbst. Der Mensch kann daher diesen Urgrund nicht mit denselben Begriffen und Ideen erfassen wollen wie die Dinge. Sagt er daher von dem Urgrund (Gott) Eigenschaften aus, welche er an den niederen Dingen kennengelernt hat, so können solche Eigenschaften bloße Hilfsvorstellungen des schwachen Geistes sein, der den Urgrund zu sich herabzieht, um ihn vorstellen zu können. In Wahrheit wird daher nicht irgendeine Eigenschaft, welche niedere Dinge haben, von Gott behauptet werden dürfen. Es wird nicht einmal gesagt werden dürfen, Gott *ist.* Denn auch das ‚Sein’ ist eine Vorstellung, die sich der Mensch an den niederen Dingen gebildet hat. Gott aber ist erhaben über ‚Sein‘ und ‚Nicht-Sein‘. Der Gott, dem wir Eigenschaften beilegen, ist also nicht der wahre. Wir kommen zu dem wahren Gott, wenn wir über einen Gott mit solchen Eigenschaften einen ‚Übergott‘ denken. Von diesem ‚Übergott‘ können wir nichts im gewöhnlichen Sinne wissen. Um zu ihm zu gelangen, muß das ‚Wissen‘ in das ‚Nicht-Wissen‘ einmünden.“[13]

Am Beispiel des Nicolaus von Kues wird deutlich, dass es nicht nur eine Art des Erkennens gibt, sondern einmal jenes, das ein Wissen von den äußeren Dingen vermittelt, zum anderen das, „welches

---

[10] Ebenda, S. 31.

[11] Ebenda, S. 34. Hier auch das nächste Zitat.

[12] Ebenda, S. 33f.

[13] Ebenda, S. 87f.

der Gegenstand, von dem man die Erkenntnis erwirbt, selbst ist."[14] Das eben macht den Wert der Mystik aus: sie ist Innenschau, zugleich aber vermittelt sie auch ein ‚Wissen', welches das der modernen Naturwissenschaften übersteigt. So belehren die alten Mythen – und hier kommt eine verwandte Denkart zu Wagner erneut zum Vorschein – von einem Wissen, das vielfach verloren gegangen ist, das aber auch heute noch bedeutsam sein kann. „Ich suche nicht in der Außenwelt nach einem ‚tieferen', ‚seelischen' Wesen der Dinge", schreibt Steiner am Ende seiner Abhandlungen, „ja ich setze es nicht einmal voraus, weil ich glaube, daß die Erkenntnis, die mir in meinem Inneren aufleuchtet, mich davor bewahrt. [...] Es liegt kein Widerspruch darin, sich mit den Erkenntnissen der neueren Naturwissenschaft zu durchdringen und gleichzeitig den Weg zu betreten, den Jacob Böhme und Angelus Silesius zum Geiste gesucht haben. Wer sich auf diesen Weg im Sinne dieser Denker begibt, der darf nicht fürchten, in flachem Materialismus zu verfallen, wenn er die Geheinisse der Natur sich von einer ‚natürlichen Schöpfungsgeschichte' darstellen läßt."[15] Und dann heißt es in einer inhaltlichen Wende: das ganze Geheimnis des Mythos läge in seinem Zusammenklang mit den Fortschritten der Menschheitsentwicklung, die an die Liebe gebunden sei. War in frühen Zeiten die Liebe an die Blutsverwandtschaft gebunden, so sei im Christentum die Nächstenliebe an deren Stelle getreten. „Diesen Sinn finden wir in der Sage vom heiligen Gral."[16] Wichtig ist in diesem Zusammenhang, Mystik nicht als etwas Wolkiges, Dunkles, etwas Illusionäres zu verstehen, sondern als eine Grenzerfahrung, die über diejenige Erkenntnisfähigkeit hinausgeht, die der Mensch im normalen Leben ausbildet.[17]

Was das Verhältnis von Mystik und Wissen betrifft, ist der Abstand von Steiner zu Wagner nicht allzu groß. Bei Wagner heißt es an einer Stelle mit Bezug auf Buddha: „Die letzte große Lehre der Einheit alles Lebenden dürfte seinen Jüngern wiederum nur durch eine mythischen Erklärung der Welt zugänglich werden, deren überaus sinnigen Reichtum und allegorische Unfaßlichkeit immer nur als Grundlage der von staunenswürdiger Geistes-Fülle und

---

14 Ebenda, S. 89.

15 Ebenda, S. 144f.

16 Rudolf Steiner, Die okkulten Wahrheiten alter Mythen und Sagen, S. 174f.

17 Rudolf Steiner, Das Wesen der Anthroposophie, S. 26ff.

Geistes-Bildung getragenen brahmanischen Lehre entnommen ward."[18] Was heißt, dass eine Erfahrung der Welt als eines zusammenhängenden Ganzen einer über die bloß unmittelbar sinnliche hinausgehende Erklärung bedarf, und diese stellen die Mythen bereit. In diesem Sinne heißt es auch in einer berühmten Definition bei Wagner: „Das Unvergleichliche des Mythos ist, dass er jederzeit wahr, und sein Inhalt, bei dichtester Gedrängtheit, für alle Zeiten unerschöpflich ist. Die Aufgabe des Dichters war es nur, ihn zu deuten."

Es sind vier Einzelaspekte in dieser Bestimmung des Mythos, die nicht unähnlich dem sind, was Steiner über die Mystiker geschrieben hat: zum ersten die durch keine zeitliche Begrenzung beschränkte ‚Wahrheit' des Mythos, der in dessen zeitunabhängigem Geltungsanspruch liegt, der wiederum einen Beitrag zur Erklärung der Wirklichkeit ist. Zum zweiten seine „dichteste Gedrängtheit", was auf die mythische Binnenstruktur verweist, auf eine komprimierende Zusammenfassung eines weit verzweigten Erzählfeldes, das durch den Mythos geordnet, strukturiert und beispielhaft verdichtet wird. Zum dritten die „Unerschöpflichkeit" seiner Auslegung, die individuell verschieden sein kann, weil der Wahrheitsanspruch des Mythos niemals nur in einer einzigen Erzählung aufgehen kann. Und schließlich der Hinweis, dass der Dichter den Mythos nicht schafft, sondern deutet – so wie der Philosoph Steiner das eben auch tut – und dadurch den Überzeitlichkeitsanspruch erst in die Gegenwart zurückholt, wo jeder, der die mythische Erzählung hört, sie in eine eigene Beziehung setzen kann.[19] Wie bei Steiner gibt auch bei Wagner das Zusammengehen von Mythos und Religion die Grundlage für eine Weltanschauungslehre, die sich von der akademischen Erkenntnistheorie abkehrt und die Erfassung der Welt aus einem holistischen Verständnis heraus betreibt.

Wie immer die Differenzen in der Mythos-Auffassung zwischen Steiner und Wagner auch zu bestimmen wären – im einen Fall handelt es sich um die erkenntnistheoretische Übersteigerung einer bloß sinnlichen Erfahrung der Welt; im anderen Falle um die Rechtfertigung dafür, weshalb der Musikdramatiker Wagner keine historischen Stoffe mehr zur Vertonung wählt, weil diese eben immer zeitbezogen sind und nicht zeitunabhängige Wahrheiten ent-

---

[18] Richard Wagner, Religion und Kunst, in: GSD, Bd. 10, S. 212.

[19] Vgl. dazu Udo Bermbach, Der Wahn des Gesamtkunstwerks, S. 190ff.

halten – so bleiben doch ähnliche Einschätzungen der Leistung mythischer Welterkenntnis: für beide ist der Mythos die Grundierung einer überzeitlichen Erkenntnis, wird erst durch ihn die Welt zu einer Einheit und lässt sich erst durch ihn die „Einheit alles Lebenden“ erfahren, leistet nur er die Vergegenwärtigung grundlegender Erfahrung des Menschen, hebt nur er den Menschen auf eine Erkenntnisstufe, die dieser ohne ihn nicht erreichen könnte.

Solche Übereinstimmungen könnten bei Steiner schon früh eine empathische Hinneigung zu Wagner verursacht haben, ganz unabhängig von der Qualität der Musik und den neuen emotionalen Assoziationen, die mit ihnen verbunden werden konnten. Das wird sich in Steiners Vorträgen zu Wagner genauer zeigen.

Philosophie der Freiheit

Schon an der Haltung zur Mystik zeigt sich deutlich, dass Steiner eine die Erkenntnistheorie Kants übersteigende eigene Erkenntnistheorie vorhält, von der er meint, sie sei „voraussetzungslos“ und müsse von dem Satz ausgehen: „So wahr es ist, dass wir uns der Natur entfremdet haben, so wahr ist es, daß wir fühlen: wir sind in ihr und gehören zu ihr. Es kann nur ein eigenes Wirken sein, das auch in uns lebt.“[20] Diese Erkenntnistheorie hat Steiner in seinem Buch *Die Philosophie der Freiheit* darzulegen versucht, eine Arbeit, die er ein Leben lang als sein *opus magnum* verstand, seine wichtigste Arbeit auch zur Grundlegung der Anthroposophie.[21] Das Buch erschien erstmals 1894 in erster Auflage, dann 1918 in einer überarbeiteten zweiten Auflage[22], machte aber außerhalb der Anthroposophen keine wirkliche Karriere. Es ist in drei Teile gegliedert: der erste Teil ist überschrieben mit *Wissenschaft der Freiheit*, und enthält die erkenntnistheoretischen Voraussetzungen der Wahrnehmung der Welt; der zweite Teil ist überschrieben mit *Die Wirklich-*

---

20 Rudolf Steiner, Philosophie der Freiheit. Grundzüge einer modernen Weltanschauung. Seelische Beobachtungsresultate nach naturwissenschaftlicher Methode, (1893), GA, Bd. 4, Dornach 2021 (17. Auflage), S. 33.

21 Helmut Zander, Rudolf Steiner, S. 89; Heiner Ullrich, Rudolf Steiner, S. 98ff.

22 Zu den Veränderungen, die Steiner vorgenommen hat, siehe Helmut Zander, Rudolf Steiner, S. 90ff.

keit der Freiheit, und hier wird die Freiheit des Menschen abgehandelt. Dem schließt sich ein Schluss an, betitelt *Die letzten Fragen*, in denen es um die Stellung des Menschen zu Gott und dann in zwei weiteren Anhängen um eine Auseinandersetzung mit zeitgenössischen Philosophen geht.

Steiner beginnt mit der Feststellung, es seien „zwei Wurzelfragen des menschlichen Seelenlebens, nach denen alles hingeordnet" sei, zum einen die Frage nach der Möglichkeit, „die menschliche Wesenheit so anzuschauen, dass diese Anschauung sich als Stütze erweist für alles andere", zum anderen die Frage: „Darf sich der Mensch als wollendes Wesen die Freiheit zuschreiben, oder ist diese Freiheit eine bloße Illusion, die in ihm entsteht, weil er die Fäden der Notwendigkeit nicht durchschaut, an denen sein Wollen ebenso hängt wie ein Naturgeschehen?"[23] Und er gibt die Antwort: „In dieser Schrift soll gezeigt werden, daß die Seelenerlebnisse, welche der Mensch durch die zweite Frage erfahren muß, davon abhängen, welchen Gesichtspunkte er gegenüber der ersten einzunehmen vermag. Der Versuch wird gemacht, nachzuweisen, dass es eine Anschauung über die menschliche Wesenheit gibt, welche die übrige Erkenntnis stützen kann; und der weitere, darauf hinzudeuten, daß mit dieser Anschauung für die Idee der Freiheit des Willens eine volle Berechtigung gewonnen wird, wenn nur erst das Seelengebiet gefunden ist, auf dem das freie Wollen sich entfalten kann."[24]

Das war die Ankündigung, wissenschaftliche Erkenntnisse mit übersinnlichen Wahrnehmungen zu verbinden, eine erste Annäherung an sein Lebensprojekt der Erforschung einer übersinnlichen-geistigen Welt. Heiner Ullrich charakterisiert dieses Projekt so: es sei im Kern „der riskante Versuch, die Aussagen der theosophischen Geheimlehre und die sie ergänzenden eigenen Schauungen als Resultate eines wissenschaftlichen, das heißt methodisch gesicherten und intersubjektiv nachprüfbaren Erkenntnisprozess zu erweisen.[25] In der zitierten Vorrede hat Steiner darauf hingewiesen, dass es auf seine Frage keine ein- für allemal fertige Antwort gebe, sondern das Seelenleben jeweils auf die Fragen des Lebens unterschiedlich reagiere. Er verstand sein Buch als Grundlagenarbeit, auf der dann alles weitere erforscht werden könne. Nachgewiesen wer-

---

23 Rudolf Steiner, Die Philosophie der Freiheit, S. 7.

24 Ebenda, S. 7f.

25 Heiner Ullrich, Rudolf Steiner, S. 49f.

den sollte, „daß der Mensch in einer wahrhaftigen Geistwelt drinnen lebt“[26], deren Voraussetzungen sich genau so seriös benennen ließen wie die der modernen Naturwissenschaften.

Steiner meint, wir hätten uns zwar von der Natur losgerissen, müssten aber wieder zu ihr zurückfinden. „Wir können die Natur außer uns nur finden, wenn wir sie in *uns* erst kennen. [...] Die Erforschung unseres Wesens muß uns die Lösung des Rätsels bringen.“[27] Gegen Kant und gegen die idealistische Philosophie postuliert Steiner, dass das Wahrnehmen der Welt nicht bloß eine menschliche Vorstellung, sondern die Wirklichkeit selbst sei, freilich eine Wirklichkeit, die als „zusammenhanglose Mannigfaltigkeit“ auftrete und erst durch das Denken geordnet werden müsse. Denken wird dabei als „eine höhere Erfahrung in der Erfahrung“[28] bestimmt, d.h. es geht über das bloße Ansehen der Welt hinaus und formt die verloren gegangene Einheit von Mensch und Natur. „Beobachten und Denken sind die beiden Ausgangspunkte für alles geistige Streben des Menschen“[29], und dies gilt sowohl für den „gemeinen Menschenverstand“ wie für die Wissenschaft. Wobei die Beobachtung dem Denken vorausgeht: „Der Inhalt von Empfindungen, Wahrnehmungen, Anschauungen, die Gefühle, Willensakte, Traum- und Phantasiegebilde, Vorstellungen, Begriffe und Ideen, sämtliche Illusionen und Halluzinationen werden uns durch die *Beobachtung* gegeben. [30] In langen Ausführungen, die für das Thema dieses Buches keine Rolle spielen, erörtert Steiner die unterschiedlichsten Aspekte des Denkens, überlegt dessen Entstehung und Formen, seinen Status in Bezug auf das Wahrnehmen und wägt ab, wann das Denken einsetzt, ob vor oder nach dem Bewusstsein, was geschieht, wenn man Denken beobachtet. Dann konstatiert er: Denken ist „ein Prinzip, das durch sich selbst besteht.“[31]

So ist die erste Stufe des individuellen Lebens das Wahrnehmen der Sinne.[32] Doch geschieht dies in einem gleichsam paradoxen

---

[26] Rudolf Steiner, Die Philosophie der Freiheit, S. 9.

[27] Ebenda, S. 34.

[28] Heiner Ullrich, Rudolf Steiner, S. 99.

[29] Rudolf Steiner, Die Philosophie der Freiheit, S. 38.

[30] Ebenda, S. 39.

[31] Ebenda, S. 51.

[32] Ebenda, S. 57ff. (Die Welt als Wahrnehmung).

Prozess: denn das Denken verbindet den Einzelnen mit den Objekten seiner Anschauung, trennt ihn aber gleichzeitig von ihnen: „Darauf beruht die Doppelnatur des Menschen: er denkt und umschließt damit sich selbst und die übrige Welt; aber er muß sich mittels des Denkens zugleich als ein den Dingen gegenüberstehendes Individuum bestimmen."[33] Freilich ist damit die Frage noch nicht beantwortet, ob es außerhalb von uns selbst eine objektive Welt gibt. Die These Kants, dass die Wahrnehmung der Dinge durch uns bedeutet, dass sie nur so lange vorhanden sind, wie wir sie wahrnehmen, scheint zunächst richtig, erweist sich aber in dem Moment als falsch, als ich zugstehen muß, daß ich nicht nur Dinge wahrnehme, sondern auch mich selbst. „Das Wahrnehmen meiner selbst hat zunächst den Inhalt, daß ich das Bleibende bin gegenüber den immer kommenden und gehenden Wahrnehmungsbildern. [...] Ich bin mir nunmehr nicht bloß des Gegenstandes bewußt, sondern auch meiner Persönlichkeit, die dem Gegenstand gegenüber steht und ihn beobachtet."[34]Und eben dieser Zusammenhang bestätigt, so Steiner, dass der Mensch durch sich selbst Dinge als existent wahrnehmen kann.

Der Wahrnehmung der Welt folgt das „Erkennen der Welt"[35], die durch die ordnende Tätigkeit des Denkens geschieht. Steiner nennt das „transzendentalen Realismus"[36], was meint, das Ich bringe aus sich selbst heraus die Vorstellungen von der Welt zusammen. Zugleich aber konstatiert er, dass der Mensch ein „eingeschränktes Wesen unter anderen Wesen"[37] ist, weshalb er auch immer nur einen Teil des Universums erfassen kann. Doch durch das Denken würden wir Teil eines Kollektivs: „In dem Denken haben wir das Element gegeben, das unsere besondere Individualität mit dem Kosmos zu einem Ganzen zusammenschließt. Indem wir empfinden und fühlen (auch wahrnehmen), sind wir einzelne, indem wir denken sind wir das all-eine Wesen, das alles durchdringt."[38] Das bedeutet, dass das Denken uns mit dem Kosmos verbindet, und zwar nicht als Einzelne, sondern in menschlicher Vielheit.

---

33 Ebenda, S. 60f.
34 Ebenda, S. 67.
35 Ebenda, S. 80ff.
36 Ebenda, S. 83.
37 Ebenda, S. 89.
38 Ebenda, S. 91.

„Denken und Fühlen entsprechen der Doppelnatur unseres Wesens. Das Denken ist das Element, durch das wir das allgemeine Geschehen des Kosmos mitmachen; das Fühlen das, wodurch wir uns in die Enge des eigenen Wesens zurückziehen können."[39] Die menschliche Individualität bleibt also in diesem Doppelcharakter befangen, [40] wobei erst das Fühlen uns zu Individuen macht, das Denken uns, verabsolutiert, alle in „unterschiedloser Gleichgültigkeit"[41] leben lassen würde. „Das Leben ist ein fortwährendes Hin- und Herpendeln zwischen dem Mitleben des allgemeinen Weltgeschehens und unserem individuellen Sein. Je weiter wir hinaufsteigen in die allgemeine Natur des Denkens, wo uns das Individuelle zuletzt nur mehr als Beispiel, als Exemplar des Begriffes interessiert, desto mehr verliert sich in uns der Charakter des besonderen Wesens, der ganz bestimmten einzelnen Persönlichkeit. Je weiter wir herabsteigen in die Tiefen des Eigenlebens und unsere Gefühle mitklingenlassen mit den Erfahrungen der Außenwelt, desto mehr sondern wir uns ab von dem universellen Sein."[42]

Nachdem Steiner in den ersten sechs Kapiteln seines Buches das Verhältnis des Menschen zu sich, seinen anderen Mitmenschen und der Wahrnehmung und des Erkennens der Welt geklärt hat, wendet er sich im letzten Kapitel dieses ersten Teils der Frage zu, ob es Grenzen des Erkennens gibt. Gegen Kant wendet er ein, dass es das *Ding an sich* nur geben könne, wenn die Erkenntnis in zwei Gebiete getrennt würde, die jeweils eigenen Gesetzen unterstünden. Er, Steiner, habe jedoch mit dem Begriff der Wahrnehmung gezeigt, dass diese Annahme falsch sei. Das Erkennen, so wie er es bestimmt habe, kenne grundsätzlich keine Grenzen, denn „die Vorbedingungen zum Entstehen des Erkennens sind also *durch* und *für* das Ich. [...] Nicht die Welt stellt an uns die Fragen, sondern wir selbst stellen sie"[43] und können sie auch, so wäre hinzuzufügen, beantworten. Ausführlich setzt Steiner sich mit Kant Erkenntnistheorie auseinander, mit dem Hauptargument, der Fehler des Dualismus sei, „dass er den Gegensatz von Objekt und Subjekt (...) auf rein erdachte Wesenheiten außerhalb desselben überträgt. [...] Da

---

[39] Ebenda, S. 108f.

[40] Ebenda, S. 104ff. (Die menschliche Individualität).

[41] Ebenda, S. 109.

[42] Ebenda, S. 109f.

[43] Ebenda, S. 115f.

aber die innerhalb des Wahrnehmungshorizontes gesonderten Dinge nur solange gesondert sind, als der Wahrnehmende sich des Denkens enthält, das alle Sonderungen aufhebt und als eine bloß subjektiv bedingte erkennen läßt, so überträgt der Dualist Bestimmungen auf Wesenheiten hinter den Wahrnehmungen, die selbst für diese keine absolute, sondern nur eine relative Geltung haben."[44]

Mit anderen Worten: nur in der vom Denken entlasteten Wahrnehmung stoßen wir auf die Grenzen, die durch das gegeben sind, was wahrgenommen wird und was immer ein Akt des Individuums ist. Das Denken aber kann diese Grenzen überschreiten, weil es die Widersprüche des Wahrgenommenen, die Inkompatibilitäten aufzulösen vermag. Das aber ist ein fortschreitender, evolutionärer Prozess, in dem sich die Erkenntnisgrenzen aufzulösen beginnen. Steiner unternimmt es, diese These am Beispiel der modernen Naturwissenschaften zu belegen und er möchte auf diese Weise seine eigene ‚Erkenntnistheorie' wissenschaftlich abstützen. Denn diese These ist die Begründung für seine spätere Behauptung, übersinnliche Phänomene, bei entsprechender Übung, erkennen zu können und jene *Stufen der höheren Erkenntnis*[45], über die noch zu sprechen sein wird, als wissenschaftlich basiert ausgeben zu können. Steiner hat ein doppeltes Wissenschaftsverständnis: zum einen die materielle Realität, deren Erforschung die Aufgabe der Naturwissenschaften ist –, zum anderen jene Welt des „Nichtsinnlichen", die von derselben Bedeutung ist wie die Naturwissenschaften. „Diese beiden Gedanken sind, dass es hinter der sichtbaren Welt eine unsichtbare, eine zunächst für die Sinne und die an diese Sinne gefesselte verborgene Welt gibt, und dass es dem Menschen durch Entwickelungen von Fähigkeiten, die in ihm schlummern, möglich ist, in diese verborgene Welt einzudringen."[46]

Im zweiten Teil der *Philosophie der Freiheit* setzt sich Steiner mit der Frage auseinander, wie die konkrete Freiheit des Einzelnen

---

44 Ebenda, S. 116. Dass Steiners Auseinandersetzung mit Kant dessen Erkenntnistheorie nicht ‚widerlegt', soll hier nur angemerkt werden, ohne dass darauf eingegangen wird. Wahrnehmung hebt nicht Kant Überlegungen zum ‚Ding an sich' auf.

45 Rudolf Steiner, Wie erlangt man Erkenntnisse der höheren Welten? GA, Bd. 12, Dornach 1993.

46 Rudolf Steiner, Die Geheimwissenschaft in Umrissen, GA, Bd. 13, Dornach 2021, S. 41.

und der Gemeinschaft aussieht. Dazu unterscheidet er mehrere Stufen der menschlichen Entwicklung: die erste ist das Wahrnehmen der Sinne.[47] Es ist die Ebene der Triebe, die Befriedigung der niederen animalischen Bedürfnisse. Die zweite Stufe ist das Fühlen[48], Gefühle, die sich an die Wahrnehmung knüpfen und zu Triebfedern des Handelns werden können. Die dritte Stufe ist das Denken und Vorstellen, die ebenfalls zu Motiven für Handeln werden können. Die vierte und höchste Stufe individuellen Lebens ist „das begriffliche Denken ohne Rücksicht auf einen bestimmten Wahrnehmungsgehalt.“, d.h. aufgrund einer Intuition.[49] Auf dieser Stufe wird der Mensch, so Steiner, sich von allgemeinen Bedürfnissen leiten lassen, etwa dem größtmöglichen Wohl der Gesamtmenschheit; dem Kulturfortschritt; der Verwirklichung rein intuitiv erfaßter individueller Sittlichkeitsziele.[50] Dies freilich hat die Fähigkeit zur „moralischen Intuition“[51] zur Voraussetzung, wobei sich die Frage stellt, wie diese entstehen kann. Denn aus der reinen Wahrnehmung und dem reinen Denken kann eine solche normative Forderung nicht entstehen.

Der Mensch kann frei sein, wenn „er in jedem Augenblicke seines Lebens sich selbst zu folgen in der Lage ist.“[52] Die Freiheit versteht Steiner als ein Ideal, zu dem die Menschen sich entwickeln können. Und diese Freiheit kann bewahrt werden, auch wenn Menschen zusammenleben, denn dieses Zusammenleben geschieht auf Basis einer „uns gemeinsamen Ideenwelt.“[53] Allen empirischen Einwänden zum Trotz schreibt Steiner: „Wir können aber den Begriff des Menschen nicht zuende denke, ohne auf den *freien Geist* als die reinste Ausprägung der menschlichen Natur zu kommen. Wahrhaft Menschen sind wir doch nur, insofern wir frei sind.“[54]

Die noch folgenden Kapitel, die hier nicht mehr referiert werden sollen, befassen sich mit der Bestimmung des Menschen, die als frei in ihm selbst liegt – alle Zwecke, die äußerlich zugeschrie-

47 Rudolf Steiner, Die Philosophie der Freiheit, S. 151.
48 Ebenda, S. 152.
49 Ebenda. S. 153.
50 Ebenda, S. 156.
51 Ebenda, S. 158.
52 Ebenda, S. 164.
53 Ebenda, S. 165.
54 Ebenda, S. 168.

ben werden, weist Steiner zurück.[55] Danach folgt eine Reflexion über *Die moralische Phantasie* – Darwinismus und Sittlichkeit – , in der Steiner alle vorgegebene Moralität ablehnt, weil diese erst bedacht werden kann, wenn sie aus Handlungen hervorgegangen ist.[56] „Eine Ethik als Normwissenschaft kann es daneben nicht geben."[57] Die Menschen entwickeln ihre ethischen Grundsätze gleichsam durch praktischen Vollzug: im intuitiven Handeln kristallisieren sich jene heraus, nach denen alle leben wollen. Der Wert des Lebens[58] bemisst sich nach Steiner daran, wie wir Lust und Unlust im Leben erfahren und wie sich beides zu unserem Begehren und Wollen verhalten. Im letzten Kapitel des Buches handelt Steiner über Individualität und Gattung.[59] Der freien Individualität stehe vermeintlich entgegen, dass der Mensch „als Glied innerhalb eines natürlichen Ganzen auftritt (Rasse, Stamm, Volk, Familie, männliches und weibliches Geschlecht), und dass er innerhalb eines Ganzen wirkt (Staat, Kirche und so weiter). Doch schränkt die Gattung nicht die freie Individualität ein, sondern ist nur Mittel, diese in ihr zu entwickeln. Das gilt auch für Frauen: „Was die Frau ihrer Natur nach wollen kann, das überlasse man der Frau zu beurteilen. [...] Wer eine Erschütterung unserer sozialen Zustände davon befürchtet, daß die Frauen nicht als Gattungsmensch, sondern als Individuum genommen werden, dem muß entgegnet werden, daß soziale Zustände, innerhalb welcher die Hälfte der Menschheit ein menschenunwürdiges Dasein hat, eben der Verbesserung gar nicht sehr bedürftig sind."[60] Für Steiner ist nur derjenige ein Mensch, der sich von den gattungsmäßigen Beschränkungen frei gemacht hat, wobei niemand nur Gattung oder freie Individualität ist. Letzteres zu werden aber bleibt das Ziel.

Zu einem späteren Zeitpunkt, 1922, hat Steiner das Ergebnis seiner Überlegungen in der *Philosophie der Freiheit* so zusammengefasst: wenn der Mensch sich jenseits der Notwendigkeiten zu handeln entschließt, wenn er „reine Gedanken als sittliche Ideale seinen Willensimpulsen zugrunde legt, dann gelangt er allmählich

---

55 Ebenda, S. 184ff.
56 Ebenda, S. 191.
57 Ebenda, S. 195.
58 Ebenda, S. 205ff.
59 Ebenda, S. 237ff.
60 Ebenda, S. 237.

dahin, als Persönlichkeit ein wirkliches freies Wesen zu sein."[61] Das setze den Willen zur Freiheit kraft Intuition voraus, deren Inhalt „nicht aus dem menschlichen Organismus stammt, sondern einer geistigen Welt entnommen ist; aus einer geistigen Welt heraus bestimmt sich der Mensch."[62]

Die Stufen der höheren Erkenntnis

Mit den *letzten Fragen* endet *Die Philosophie der Freiheit*. Der erste Absatz ist dem Monismus gewidmet, nimmt noch einmal die Frage der Stellung des Menschen zum Kosmos auf und wiederholt die These, wonach das Denken ein in die Wirklichkeit Hineinleben ist. Und erneuert den Hinweis, dass das Erkennen keine Schranken hat, dass es sich selbst übersteigen kann und dann in metaphysische Welten gelangen kann. Dahinter steht die Überzeugung, dass die Welt insgesamt ein erkennbar geordnetes Ganze ist und der Prozess des Erkennens über die reine Empirie hinausgehen müsse. Es gebe „hinter der sichtbaren Welt eine unsichtbare, eine zunächst für die Sinne und das an diese Sinne gefesselte Denken *verborgene* Welt, [...] und es [sei] dem Menschen durch Entwickelung von Fähigkeiten, die in ihm schlummern, möglich [...], in diese verborgene Welt einzudringen."[63] Doch bedürfe dies einer intensiven Übung. Kein Wissenschaftler bezweifle, so Steiner, dass es beide Sphären gebe, die der sinnlichen Wahrnehmung und die der übersinnlichen Existenz. „Der Wissenschaftler bedient sich gewisser Werkzeuge und Methoden. Die Werkzeuge stellt er sich durch Verarbeitung dessen her, was ihm die Natur gibt. Die übersinnliche Erkenntnisart bedient sich auch eines Werkzeuges. Nur ist dieses Werkzeug der Mensch selbst. Und auch dieses Werkzeug muß für die höhere Forschung erst zugerichtet werden. Es müssen in ihm die zunächst ohne des Menschen Zutun ihm von der naturgegebene Fähigkeiten und Kräfte in höhere umgewandelt werden. Dadurch

---

61 Rudolf Steiner, Das Wesen der Anthroposophie, dreizehn öffentliche Vorträge, GA, Bd. 80a, Dornach 2019, S. 85.

62 Ebenda, S. 86.

63 Rudolf Steiner, Die Geheimwissenschaft in Umrissen, S. 41.

kann sich der Mensch selbst zum Instrument machen für die Erforschung der übersinnlichen Welt."[64]

Wie diese Fähigkeiten zur Erforschung der übersinnlichen Welt zu erlangen sind, hat Steiner in einem schmalen Band dargelegt, dessen Aufsätze ursprünglich 1905–1908 in einer von ihm herausgegebenen Zeitschrift *Luzifer* veröffentlicht wurden.[65] Hier unterscheidet er zunächst vier Erkenntnisstufen: die erste, die „materielle Erkenntnisart", ist die des gewöhnlichen Lebens und der gängigen Wissenschaft.[66] Dann folgen: die imaginative, die inspirierte und schließlich die intuitive Erkenntnis. Das materielle Erkennen beruht darauf, „daß der Mensch durch seine Sinne einen Eindruck von Dingen und Vorgängen der Außenwelt erhält."[67] Im Falle der Imagination „treten Bilder auf genau so, wie wenn ein Sinnesgegenstand [...] einen Eindruck machen würde. [...] Es ist einleuchtend, daß sich der Mensch diese Fähigkeit, *inhaltvolle Bilder* zu haben ohne Sinneseindrücke, erst erwerben muß.[68] Der imaginative Mensch erhält solche Bilder, so Steiner, „von einer höheren Welt." Wobei die Fähigkeit, imaginative Bilder von reinen Ilusionen zu scheiden, durch Erfahrung gewonnen wird. Bei der dritten Stufe des Erkennens, der inspirierten Stufe, formt das Ich die Begriffe, man beginnt zu hören, was im Inneren der Dinge vorgeht. „Die Welt beginnt der Seele gegenüber ihr Wesen wirklich auszusprechen."[69] Der inspirierte Mensch erfährt das Innere der Dinge, die vor seiner Seele sich neu darbieten. Auf der vierten Erkenntnisstufe gibt es auch keine Inspiration mehr, sondern nur noch das Ich. „Der Geheimschüler merkt an einer ganz bestimmten inneren Erfahrung, daß er bis zu dieser Stufe aufgestiegen ist."[70]

Zum Erreichen dieser Stufen sind Meditation und Konzentration die unbedingten Mittel, die ruhig und in Geduld ausgeübt werden sollten. Die verschiedenen Welten sind fein und subtil, und es ist nicht ganz leicht, sie zu erreichen. Steiner beschreibt dann die

---

64 Ebenda.

65 Rudolf Steiner, Die Stufen der höheren Erkenntnis, GA Bd. 12, Dornach 1993.

66 Ebenda, S. 15.

67 Ebenda, S. 18.

68 Ebenda, S. 19. Hier auch das folgende Zitat.

69 Ebenda, S. 21.

70 Ebenda, S. 22.

Bedingungen, unter denen man zu höheren Erkenntnissen gelangt, auch die Schwierigkeiten, diese jeweils zu erkennen, wenn man sie erreicht hat. Das liest sich, wie eine Anleitung zur Meditationstechnik und muss hier nicht referiert werden.

Ein eigener Abschnitt gehört der Imagination.[71] Sie ist der Weg, „zu einer wirklichen Erkenntnis mit vollem Bewußtsein in heller, lichter Klarheit“[72] zu kommen, was wohl unter Anleitung eines „Geheimlehrers“ geschehen sollte. Die Wahrnehmungen, die man hier macht, lösen sich los von den Dingen, für die „imaginative Erkenntnis kommt es darauf an, zunächst Farben, Töne, Gerüche usw. zu haben, die ganz losgelöst von allen Dingen im Raum schweben.“[73] Es ist eine Welt, die hier beschworen wird, die sich aus der Alltagsperspektive am ehesten mit Halluzinationen vergleichen lässt, aber insofern anders, als sie gewollt und mit entsprechendem Bewußtsein erlebt wird.

Verlässt die Imagination die materielle, tagtäglich erfahrbare Welt, so wird dies noch einmal gesteigert durch die Inspiration. Auf dieser Ebene muss der Mensch die Kraft finden, sich über etwas eigene Vorstellungen zu machen, „er muß in einem viel höheren Grade innerlich tätig sein, als dies bei der äußeren Erkenntnis der Fall ist.“[74] Alles, was er sich vorstellt, muß durch eigene Imagination erst geschaffen werden, und zugleich sind solche Vorstellungen Ausdruck der Vorgänge der höheren Welt. Eine entsprechende Schulung bringt dem Einzelnen die Fähigkeiten zu solchem Aufstieg bei, eine Schulung der Gefühle, die die Seele in Stand setzt, diese Ebene und ihre Gefühle aufzunehmen. Es ist ein Lernen, um die „höheren Welten“ zu verstehen: „Die Erkenntnis durch Inspiration führt den Menschen zum Erleben der *Vorgänge* in den unsichtbaren Welten, also z.B. der Entwickelung des Menschen, derjenigen der Erde und ihrer planetarischen Verkörperung.“[75]

Diesen Stufen der Erkenntnis entsprechen die Visionen der übersinnlichen Wesenheiten der Äther-, Astral- und Ich-Leibs.[76] Nach Steiner wird aus dem Eintauchen in die Sphären der jenseits

---

71 Ebenda, S. 36.

72 Ebenda, S. 39.

73 Ebenda, S. 43.

74 Ebenda, S. 52.

75 Ebenda, S. 67.

76 Heiner Ullrich, Rudolf Steiner, S. 111.

der materiellen Welt liegenden übersinnlichen Welten eine Anschauung von Formen und Farben, von geistigen Kräften des Kosmos, vom Erleben der inneren Verfasstheit des Schauenden. Erst derjenige, der dies alles beherrscht, erlebt auch die ‚Ganzheit' der Welt oder, wie Wagner sagt, „die Einheit alles Lebenden." Die Gliederung in Äther-, Astral- und Ich-Leib erweisen sich auch als Erfahrungen, die unterschiedliche Zustände beschreiben und die der Beobachter sich auch selbst hineinversetzt.[77] Wobei jede Stufe zur nächsten führt und mit der Intuition der Mensch erreicht, ins „Innere der Wesen"[78] zu gelangen. Dabei ist der Anspruch, dass dies alles nach strengen wissenschaftlichen Regeln erfolgt. Und zugleich geht die These damit einher, dass wir nicht nur ein Leben haben, sondern nach dem Tode, nach dem der materielle Leib zerfällt, die diesen umgebenden anderen Formen des Leibs in den unsichtbaren Welten weiterexistieren – der ätherische Leib, der beim Menschen für seelische Faktoren wie Gewohnheiten, Gedächtnis, Temperament zuständig ist, ständige Bewegung verursacht und seinen Schwerpunkt im Herzen hat. Die geistigen Auffassungen des Bildlichen, der Phantasie und des Rhythmischen gehen von ihm aus. Der Astralleib ist der Träger der Empfindungen, der Lust, des Schmerzes, der Triebe, der Begierden und Leidenschaften. Sein Schwerpunkt liegt in der Lunge. Der Ich-Leib schließlich ist die äußere Hülle der Aura als blauer Nichtköper, nur dem sichtbar, der seine ‚Geistesorgane' bis zur Intuition, der höchsten Stufe des Erkennens, geschult hat. Er ist der Träger des menschlichen Selbstbewußtseins, der Individualität und Moralität; in ihm leuchtet als unsterblicher Teil des Menschen ein Strahl des ewigen Geistes auf."[79]

Diese Gliederung des menschlichen Leibes verbindet Steiner mit weitausholenden Überlegungen zu den jeweils speziellen Funktionen des menschlichen Leibes, er beschreibt den Kampf zwischen diesen Ausformungen, ihre je unterschiedliche Funktion beim Schlafen, aber auch im Tod. In seinem 1904 erschienen Buch *Theosophie* geht es um eine anthroposophische Anthropologie[80], in der vor allem die Beschreibung des Weges von Seele und Geist nach dem Tode Gegenstand der Darstellung ist und die Wanderung der Seele

---

[77] Vgl. Rudolf Steiner, Die Stufen der höheren Erkenntnis, S. 79.

[78] Ebenda, S. 81.

[79] Ebenda, S. 131.

[80] Helmut Zander, Anthroposophie in Deutschland, Bd. 1, S. 571.

nachvollzogen wird. Ist der Mensch gestorben, trennen sich die verschiedenen Leiber voneinander, der physische Leib zerfällt, während der geistige in wenigen Tagen noch einmal das gesamte Leben des Verstorbenen reproduziert und über Jahre der Astralleib sich aufzulösen beginnt. In dieser Zeit bemüht sich das Individuum um moralische Selbsterkenntnis und schließlich im Zustand höchster Einsicht und Geistigkeit kann Reinkarnation vollzogen werden.[81]

In *Das Wesen der Anthroposophie* hat Steiner in mehreren Vorträgen darauf verwiesen, dass jeder Mensch diese Stufen der Erkenntnis nachvollziehen und erleben kann: „Die hier gemeinte anthroposophische Forschung (jenseits von moderner Naturwissenschaft einerseits, von einer falsch verstandenen Mystik andererseits, U.B.) stützt sich nicht auf irgendwelche abnorme Fähigkeiten, die der Einzelne durch Gnade oder Krankheit haben will, sondern darauf, dass in jeder Menschenseele schlummernde Fähigkeiten sind [...], die durch gewisse Methoden heraufgeholt werden können."[82] Und dieses Heraufholen führt dann zu Erkenntnisfähigkeiten, durch die der Suchende in die übersinnlichen Welten hineingleiten können. Es sind „Seelenübungen", die zum Ziel führen, die erlernt werden müssen, die viel Zeit benötigen – und wie das geht, stellt Steiner dar: irgendeine Vorstellung stellt man in den Mittelpunkt des Seelenlebens, meditiert darüber und denkt nach, und verspürt, wie sich das Denkvermögen verstärkt und die erste Stufe der Erkenntnis sich öffnet. Wie sich schon hier zeigt, handelt es sich bei der „anthroposophischen Geisteswissenschaft" um eine „stufenweise, wirklich systematisch durchgeführte, innere Methode"[83], die – so Steiner – den Anspruch auf Kontrollierbarkeit ihrer Erkenntnisse nicht nur behauptet, sondern auch einlöst. Man gelangt auf diese Weise zu Erkenntnissen, die mit keiner anderen Methode zu gewinnen sind und „man gelangt zu der Erfahrung von der menschlichen Unsterblichkeit."

Steiner hat übrigens immer wieder betont, dass er als Quellen seiner Visionen der unsichtbaren Welt nur sich selbst betrachte:

---

81 Das ist ausführlich ausgeführt in Rudolf Steiner, Theosophie. Einführung in die übersinnliche Welterkenntnis und Menschenbestimmung (1904), GA, Bd. 9, Dornach 1961. Vgl., auch Helmut Zander, Anthroposophie in Deutschland, Bd. 1, S. 570ff.

82 Rudolf Steiner, Das Wesen der Anthropologie, S. 71.

83 Ebenda, S. 81. Hier auch das folgende Zitat.

„Ich werde nie über irgendetwas Geistiges sprechen, das ich nicht unmittelbar aus geistiger Erfahrung kenne. Das ist mein Leitstern."[84]

Rassen

In jüngster Zeit ist Steiner der Vorwurf gemacht worden, Rassist gewesen zu sein.[85] Insoweit Steiner – in der Tradition der Theosophie stehend – von Rassen, genauer von „Wurzelrassen" sprach, von denen er sieben unterschied und die er jeweils wiederum in Unterrassen unterteilte, ist dies zwar richtig, doch hat dieser Rassismus mit dem völkischen des Kaiserreichs und der Weimarer Republik nichts zu tun, schon gar nichts mit den Rassenvorstellungen der Nazis. Steiner greift vielmehr zurück auf theosophische Rasseunterscheidungen, wie sie etwa bei Helena Blavatsky in ihrem Werk *The Secret Doctrine* zu finden sind, die wesentlich als Entwicklungsstufen der Menschheit in einem darwinistisch-evolutionären Prozess zu verstehen sind. Danach gibt es sieben „Wurzelrassen", deren jede einzelne wiederum sieben „Unterrassen" hat, die ihrerseits ebenfalls unterteilt sind, und die jeweils Entwicklungsstadien der Menschheit bezeichnen. Die erste Rasse, die existierte, war die „polarische", die zweite die „hyperboräische", der dann auf der dritten Stufe die „lemurische" Rasse folgte, die von einer „atlantischen" Rasse abgelöst wurde, der ihrerseits nun die fünfte, die „arische" Rasse folgte. Diese fünfte nachatlantische Wurzelrasse lässt sich in die Unterrassen des Geistes, der Flamme und der Sterne unterteilen, wobei die erste Unterrasse des Geistes zunächst das indische Volk umfasste, die zweite die Zeit Zarathustras, die dritte die der Chaldäer, Babylonier, Assyrer, aus der später die israelitische Tradition hervorgegangen ist. Griechen und Römer zählen zur vierten Unterrasse, zu jener, in der das Christentum entstand und

---

84 Zitiert nach Helmut Zander, Anthroposophie in Deutschland, Bd. 1, S. 564. Vgl. auch den „Sonderhinweis zu Äußerungen über ‚Rassen' in der Rudolf Steiner Gesamtausgabe", in: Rudolf Steiner, Über das Wesen des Christentums, S. 696ff.

85 Vgl. Heiner Ullrich, Rudolf Steiner, S. 196ff.; gemeint ist das Buch von Peter Bierl, Wurzelrassen, Erzengel und Volksgeist, Hamburg 1999. Vgl. auch Helmut Zander, Rudolf Steiner, S. 186ff.

sich ausbreiten konnte, das als Vorbereitung für die Ausbildung der nordischen Mysterien betrachtet werden muss.[86]

Steiner hat diese Lehre teilweise übernommen, teilweise aber auch weiterentwickelt.[87] Seine Rassen sind hierarchisiert und werden als „Teil der Evolution des Geistigen“[88] verstanden, durch die Menschen hindurchgehen und die absterben, sobald die nächste Stufe der Erkenntnis erreicht ist. Er meinte, nach dem Untergang von Atlantis seien nacheinander die Unterrassen aufgetaucht: „die urindische, die urpersische, dann die ägyptisch-babylonisch-assyrisch-chaldäische, dann die griechisch-lateinische, und nach dem Abfluten der römischen Kultur geht unsere fünfte Unterrasse auf, in der wir heute leben und die ihre Bedeutung eigentlich für das christliche Europa hat.“ Das alles habe Wagner zwar nicht gewusst, aber „er hatte das absolut sichere Gefühl für die Weltlage der fünften Unterrasse, und er empfand die ganze Aufgabe der Gegenwart als eine religiöse Aufgabe, wie man die auch in der Theosophie nicht besser formulieren kann.“[89]

Jede Rasse wurde inspiriert von „großen Eingeweihten“ und für die fünfte, atlantische Rasse ging diese Urinspiration aus von den „Ursemiten.“[90] Vor dem Untergang von Atlantis wurde die damalige Rasse durch einen „göttlichen Führer“ nach Asien geführt, in die Wüste Gobi. Von hier aus gingen die „Kultureinschläge“ über Indien nach Vorderasien, Persien, Assyrien und Ägypten, dann in den Süden Europas nach Griechenland und Rom, später auch in den Norden Europas.

„Das Christentum ist auf einen solchen semitischen Einschlag zurückzuführen, der sich dann in die griechisch-lateinische Kultur hineinerstreckte.“ Über die Mauren und ihr Reich im Süden Spaniens gewann es Einfluss auf ganz Europa, d.h. der „ursemitische Impuls“ betraf die europäische Rasse.

---

86 Rudolf Steiner, Die Siegfried-Sage, in: Die okkulten Wahrheiten alter Mythen und Sagen, S. 85.

87 Vgl. Rudolf Steiner, Aus der Akasha-Chronik (1904), GA, Bd. 11, Dornach 2018.

88 Helmut Zander, Sozialdarwinistische Rassentheorien aus dem okkulten Untergrund des Kaiserreiches, in: Uwe Puschner, Walter Schmitz, Justus H. Ulbricht (Hrsg.), Handbuch zur Völkischen Bewegung, München et. al. 1996, S. 241.

89 Rudolf Steiner, Die okkulten Wahrheiten alter Mythen und Sagen, S. 134f.

90 Ebenda, S. 135. Hier auch die folgenden Zitate.

Helmut Zander, einer der besten Kenner der Steinerschen Schriften, urteilt, dessen Rassentheorie, „die von drei oder fünf Rassen ausgeht – weiße Europäer, schwarze Afrikaner und gelbe Asiaten, sowie als ‚Seitenzweige' rote Indianer und braune Malayen" – habe rigide sozialdarwinistische Konsequenzen: die Indianer seien für ihn eine „degenerierte Menschenrasse" im „Hinsterben", die Neger gehörten zu einer „degenerierten und zurückgebliebenen Rasse", zu den „letzten Überbleibseln" vergangener Zeiten, deren Zeit ebenfalls bald vorbei sei.[91] Was – mit Bezug auf Wagner – die Juden betrifft, so war Steiner anfangs für deren völlige Assimilation, später für Ausgrenzung. Um nochmals Zander zu zitieren: „Das Judentum, von Steiner als Rasse definiert, erliegt in dieser Hermeneutik der gleichen kulturellen Ausgrenzung (wie die anderen nichteuropäischen Rassen, U.B.). Die evolutionstheoretische Herabsetzung arbeitet mit der Behauptung, das Judentum habe die Stufe eines kollektiven Bewußtseins noch nicht verlassen: ‚Der Bekenner des Alten Testaments sagte noch nicht in seiner Persönlichkeit: Ich bin ein Ich. Er fühlte sich in dem ganzen alten jüdischen Volke und fühlte das ‚Gruppen-Volks-Ich'.'"[92]

Steiner glaubte, dass im Zeitalter der fünften Wurzelrasse die geistige und kulturelle Entwicklung der Menschheit vor allem von der arischen Rasse vorangetrieben werde, wobei innerhalb der arischen Rasse jeweils unterschiedliche Völker die Führung übernehmen, was aber auch nur für eine je begrenzte Zeit geschieht. Der ganze Prozess ist ihm eine evolutionäre Höherentwicklung der Menschheit, durch welche die jeweils zurückgelassenen Stufen überflüssig werden und absterben. Auch wenn diese Form der Rassentheorie von den zu Lebzeiten Steiners umlaufenden Rassetheorien in ihrer Anlage und Ausprägung durchaus verschieden ist, gibt es andererseits doch auch Berührungspunkte. So etwa – worauf Zander hinweist – die Integration der „germanisch-nordischen Mythologie" in die Anthroposophie, die am Ende auch auf die Zuschreibung einer führenden Rolle für das deutsche Volk für die Hinwendung zum Geistigen hinausläuft.[93] Steiner hat übrigens in seinen späteren Jahren, etwa ab 1910, den Rassebegriff nicht mehr verwendet, sondern nutzte Begriffe wie Epochen, Kulturzeitalter,

---

91 Helmut Zander, Sozialdarwinistische Rassentheorien, S. 242ff.

92 Ebenda, S. 243.

93 Ebenda, S. 245f.

Hauptzeitalter und ähnliche. 1908 erklärte er, der Tod Christi habe die Grundlagen für eine neue Menschheit gelegt, die brüderlich und ohne Rücksichten auf rassische oder ethnische Beziehungen leben könne.[94]

Diese letztere Überzeugung erinnert an Wagner, dessen Rassenvorstellungen Steiner ausführlicher interpretiert. Ihm zufolge unterscheidet Wagner angeblich zwischen Rassenentwicklung und Selenentwicklung, wobei die Rasse den materiellen Körper meint, dagegen die seelische Entwicklung sich auf das spirituelle Höhersteigen bezieht.[95] Während die Rasse degenerieren kann, nimmt die seelische Entwicklung ihren eigenen Weg. „Je mehr der Mensch der Rasse ähnlich wird, je mehr er liebt, was zeitlich, vergänglich, mit den Eigenschaften seiner Rasse verbunden ist, desto mehr gehört er dem Niedergang seiner Rasse an. Je mehr er sich heraushebt aus den Rasseeigentümlichkeiten, desto mehr hat die Seele die Möglichkeit, sich höher zu verkörpern."[96] So sieht er Wagners Einlassungen zu den Rassen und meint, der Komponist empfinde den Untergang, den Niedergang der Rassen und die Notwendigkeit des Aufsteigens der Seelen. Dies sieht Steiner gleichsam als Programm auch im *Tannhäuser*.

Wagner hatte, nachdem er Gobineaus Rassentheorie kennengelernt hatte, in seiner ersten Begeisterung dessen These zunächst zugestimmt, wonach die Rassenmischungen zur Degeneration und schließlich zum Untergang der europäischen Kultur führten, später jedoch eine zunehmend skeptischere Haltung dazu eingenommen.[97] „Er wirft Gobineau vor", notierte Cosima in ihrem Tagebuch, „das eine ganz außer acht gelassen zu haben, was einmal der Menschheit gegeben wurde, einen Heiland, der für sie litt und sich kreuzigen ließ!"[98] Und in *Heldenthum und Christenthum* heißt es: „Das Blut des Heilandes, von seinem Haupte, von seiner Wunde am Kreuze fließend – wer wollte frevelnd fragen, ob es der weißen

---

94 Michael Rißmann, Nationalsozialismus, völkische Bewegung und Esoterik, in: Zeitschrift für Genozidforschung 2, 2003, S. 67f.

95 Rudolf Steiner, Die okkulten Wahrheiten, S. 139f.

96 Ebenda, S. 139.

97 Vgl. Udo Bermbach, Wagner und Gobineau. Zur Geschichte eines Missverständnisses, in: wagnerspectrum 1/2013, S. 243ff.

98 Cosima Wagner, Die Tagebücher, Bd. II, München 1976, S. 936 (13. April 1882).

oder welcher Race sonst angehört?", und er fährt fort: „Das in jener wundervollen Geburt sich sublimierende Blut der ganzen leidenden menschlichen Gattung konnte nicht für das Interesse einer noch so bevorzugten Race fließen; vielmehr spendet es sich dem ganzen menschlichen Geschlechte zur edelsten Reinigung von allen Flecken seines Blutes."[99] Schon zeitlich vor dem oben notierten Zitat über die Weite der Erlösungstat Christi notierte Cosima: „Eines ist sicher, die Racen haben ausgespielt, nun kann nur noch, wie ich es gewagt habe auszudrücken, das Blut Christi wirken."[100]

In der *Akasha-Chronik*, erstmals 1904 in den Zeitschriften *Luzifer-Gnosis* erschienen, hat Steiner seine Vorstellungen der Rassen sehr viel detaillierter vorgetragen, als das hier referiert werden kann. Hier schreibt er über „unsere atlantischen Vorfahren", die von den heutigen Menschen sehr verschieden waren, denen logischer Verstand, und rechnerische Kombination aber völlig gefehlt hätten, die aber dafür ein hochentwickeltes Gedächtnis gehabt hätten. „Man erdachte nichts, man erinnerte sich."[101] Auch sie waren in sieben Unterrassen unterteilt, aus denen sich dann auch die lemurische Rasse der zweiten Entwicklungsstufe bildete, deren Gedächtnis nicht ausgebildet war, die auch noch keine durchgeformte Sprache hatte, dafür aber starke Vorstellungen, mit denen sie ihre Umwelt beeinflussten. Steiner malt dann aus, wie die Rasse der Lemuren gelebt hat, wie sie sich verständigten, ihre Kinder erzogen, wie ihre Frauen lebten und welche Rechte diese hatten, wie sie in Höhlen wohnten, ihr Leben meisterten usw. Alle diese erstaunlichen Einzelheiten des lemurischen Lebens überlieferte die *Akasha-Cronik*, die – so die Unterstellung – eine alte Chronik war und als Gedächtnis der Weltentwicklung fungierte, daher auch einen zuverlässigen Bericht über die Entwicklung auf der Erde gab. In ihr wurden die Entwicklungsabschnitte der Erde und ihrer Bevölkerung farbenreich beschrieben und gingen als Realschilderungen in den Bestand des anthroposophischen Wissens ein.[102]

Zander hat darauf hingewiesen, dass manche Einzelheiten, die diese Chronik vermeintlich aus Vorzeiten berichtet, von Steiner aus

---

99 Richard Wagner, Heldenthum und Christenthum, in: GSD, Bd. 10, S. 283.

100 Cosima Wagner, Die Tagebücher Bd. II, München 1976, S. 850 (17. Dezember 1881).

101 Rudolf Steiner, Aus der Akasha-Chronik, S. 12f.

102 Zu dieser Chronik Helmut Zander, Rudolf Steiner, S. 187ff.

zeitgenössischen Quellen übernommen worden sind. Wie immer es sich damit verhält, entscheidend ist eher, dass die sich herausbildende Anthroposophie aus dieser Chronik, in dem sie sich auf diese berief, eine historische Legitimation bezog. Zugleich konnten mit dem Hinweis, dass hier altes und noch immer gültiges Wissen aufbewahrt werde, bestimmte Überzeugungen der Anthroposophie, so etwa die These, kein Wissen, das einmal vorhanden war, könne wieder verloren gehen, im Sinne der unterlegten Evolutionstheorie gerechtfertigt werden konnte. Insgesamt gilt: „Der Kosmos, wie Steiner ihn mit Menschen, Rassen und Planetenstufen entwarf, war monumental, Ehrfurcht heischend, überwältigend“[103], meint Zander, aber eben diese Überwältigungsstrategie – die Steiner auch von Wagner hätte lernen können – machte die Theosophie für viele attraktiv.

Die Christologie Rudolf Steiners

Noch eine weitere Verbindung zwischen Steiner und Wagner gibt es: deren je individuelle Auslegung des Erscheinens Christi sowie dessen weltgeschichtliche Bedeutung, jenseits kirchlicher Lehrmeinungen.

Man muss festhalten, dass sich Steiners Haltung zum Christentum im Laufe der Jahre verändert hat. Als er seine *Philosophie der Freiheit* schrieb, stand er philosophisch Nietzsche und Stirner nahe und verstand sich sicherlich nicht als Christ.[104] Über längere Zeit suchte sich Steiner über seine Haltung zum Christentum klar zu werden, ein Prozess, der hier nicht nachgezeichnet zu werden braucht. Für die untergründigen Beziehungen zu Wagner ist gleichsam der letzte Stand dieser Entwicklung von Bedeutung, und so sollen im Folgenden auch primär jene zentralen Merkmale, die Steiners Christologie am Ende charakterisierten, festgehalten werden, unabhängig von ihrer zeitlichen Entstehung.

In seinem 1902 erschienenen und später öfter ergänzten und revidierten Buch *Das Christentum als mystische Tatsache und die*

---

[103] Ebenda, S. 187.

[104] Dazu eingehend Helmut Zander, Rudolf Steiner, S. 212ff.; derselbe, Anthroposophie in Deutschland, Bd. 1, S. 781ff.

Mysterien des Altertums[105] hat sich Steiner erstmals eingehender mit dem Christentum und seiner Bedeutung für die Anthroposophie auseinandergesetzt. In dieser Arbeit rangierte das Christentum zunächst als ein Mysterium unter vielen, es wird neben die griechischen und ägyptischen „Mysterienweisheiten" gestellt und erst sehr viel später zu einer Religion erhoben, die für die Anthroposophie von großer Bedeutung ist: „Der Mensch erlebt in sich, was Gott in der Welt erlebt hat. Das Wort Gottes, der Logos, wird Seelenereignis. [...] Man erlebt ihn im Innern. [...] Der Gott, der in die Welt ausgegossen wurde, feierte seine Auferstehung in der Seele, wenn sein Schöpfungswort verstanden und in der Seele nachgebildet wird. Da hat der Mensch in sich den Gott, den Mensch gewordenen Gottesgeist, den Logos. [...] Die Entwicklung der alten Weltanschauung vollzieht sich somit in einer Spaltung. Sie führt zu einer Christus-Idee, die sich auf rein Geistiges bezieht."[106]

Dieser Christus hat die alten Mysterien aufgenommen und sie sind dann ins Christentum integriert worden. „Was sich also für die alten Mysterienkulte im Innern der Mysterientempel abgespielt hat, das ist durch das Christentum als eine weltgeschichtliche Tatsache aufgefaßt worden."[107] Hier ist impliziert, dass Jesus, indem er das mystische Wissen der Vergangenheit in sich aufnimmt, zu einem der „Eingeweihten" geworden ist. Er reiht sich also ein in die Reihe anderer herausragender Eingeweihter wie etwa Buddha. Man muss anfügen, dass zu dieser Zeit Steiner die Rolle von Golgotha und die kosmische Deutung von Jesus noch nicht ausgearbeitet hatte.[108] Doch das ändert sich mit den nun zu besprechenden Vorträgen von 1911.

In Vorträgen, die er im Herbst 1911 in verschiedenen Städten Deutschlands und überwiegend in Karlsruhe vor Mitgliedern der anthroposophischen Gesellschaft gehalten hat und die unter dem Titel *Von Jesus zu Christus*[109] veröffentlicht worden sind, entwickelt Steiner wesentliche Momente seiner Christologie. Zunächst einmal

---

105 Rudolf Steiner, Das Christentum als mystische Tatsache und die Mysterien des Altertums (1902), GA, Bd. 8, Dornach 1976.

106 Ebenda, Kapitel IX.

107 Ebenda, S. 107.

108 Vgl. Helmut Zander, Anthroposophie in Deutschland, Bd. 1, S. 790.

109 Rudolf Steiner, Von Jesus zu Christus. Ein Zyklus von zehn Vorträgen, (1911), GA, Bd. 131, Dornach 1988.

wischt er die Ergebnisse der historischen Forschungen zu Jesus und dessen Leben, wie sie im 19. Jahrhundert von Autoren wie Ludwig Feuerbach, David Friedrich Strauß, Bruno Bauer und Karl Marx vorgelegt worden sind mit der These, dass die historischen Daten, die im Zusammenhang mit dem Leben Jesu bekannt sind und geglaubt werden, alle nicht verifizierbar seien. Also die Berichte der Evangelien unglaubhaft und vermutlich einiges mehr unglaubhaft, was Jesus selbst betrifft. Natürlich sind, so entgegnet Steiner, die Evangelien keine historischen Dokumente im Sinne der Geschichtswissenschaft, sondern Schriftzeugnisse von ganz anderer Art. Sie bezeugen, „daß das Christentum selber seiner Entstehung, seinem ganzen Wesen nach nicht eine äußere Tatsache ist wie andere äußere Tatsachen, sondern eine Tatsache der geistigen Welt, durch den Blick in eine Welt, die hinter der äußeren Sinneswelt liegt und hinter dem, was historische Urkunden feststellen können."[110] Dass also das Christentum, wenn man es richtig verstehen will, „geistiges Schauen" erfordert, „wenn man die Fäden entwirren will, die sich [...] hinter den Ereignissen abgespielt haben." Für Steiner führt das Christentum jene Mysterien fort, die schon lange vor ihm bestanden hatten. Doch mit dem Erscheinen Christi erhielt die „wahre Religion" den Namen Christentum. Zugleich hat sich mit diesem Ereignis alles verändert, hat sich die Welt erneuert.[111] Die Geburt Christi bildet einen tiefen Einschnitt in der Menschheitsentwicklung, denn das menschliche Bewusstsein hat sich seither vollkommen gewandelt. Die alten Mysterien, etwa der Mithra- und Dionysos-Kult, wurden durch das Christentum in einen neuen Glauben transferiert. Der tiefste Kenner der neuen Religion war Paulus, „indem er erkannte, daß durch den Christus-Impuls der Mensch, wie er auf Adam als auf seinen leiblichen Ursprung hinweist, auf den Christus als sein großes Vorbild hinweisen kann, durch dessen Anblick das erreicht werden kann, was in Mysterien angestrebt wurde und was geboren werden mußte, wenn der Mensch seine ursprüngliche Natur erkennen will."[112] Erst das Christentum hat jene verborgenen Weisheiten der Mysterien öffentlich gemacht, und Gott, der sonst in die Mysterien hineingeflossen ist, „ist nun ein für allemal in das Erdendasein eingeflossen

---

110 Ebenda, S. 12. Hier auch das folgende Zitat.

111 Rudolf Steiner, Über das Wesen des Christentums, S. 96.

112 Rudolf Steiner, Von Jesus zu Christus, S. 26.

durch die Persönlichkeit, die am Ausgangspunkt unserer Zeitrechnung steht."[113] Und dieser Jesus ist unsterblicher Sieger über den Tod geworden und „das ist der Sinn der Auferstehung im wirklichen christlichen Sinne, wenn wir ihn geisteswissenschaftlich fassen."[114] Mit der Menschwerdung Jesu wurde „in den Mittelpunkt der Weltgeschichte" ein historisches Ereignis gestellt, was sonst unzählige Male in den Mysterien gesucht wurde." Genau dies war auch, so Steiner, das Damaskus-Erlebnis des Paulus, der Christus als Mensch und Gott erkannte. Dieser Christus aber ist der Mittelpunkt aller Menschheitsentwicklung und das höchste Vorbild für die Kräfte der Seele, nicht ein historischer Christus, der, wenn es historische Dokumente über ihn gäbe, vermutlich nicht das Bedeutsamste gewesen wäre, „was in die Menschheit eingeflossen ist."[115]

„Der Mittelpunkt des Christentums ist die Persönlichkeit Jesu Christi. Das ist der positive Wahrheitskern. Nicht seine Lehre, sondern seine Person, nicht die frohe Botschaft, die seine Jünger verkündigten, sondern dass sie seine Stimme hörten, dass sie mit ihm im persönlichen Zusammenhang standen – das machte, dass sie in so zündender Weise gesprochen haben."[116] Die Evangelien sind für Steiner „eine Erneuerung der alten Einweihungsschilderungen"[117], doch Christus bleibt nicht länge nur ein „Eingeweihter" wie Buddha, sondern er wird jetzt zu einer zentralen Figur auch für die Anthroposophie. Er ist der Gott, der im Leibe Jesu „erst richtig in die Erde eingetreten"[118] ist und dessen Mission es war, den Impuls zu geben, „dass die Menschen alle – jeder als einzelnes Wesen – empfinden können das „Ich-bin". Er ist zugleich derjenige, der an die Stelle von Kollektiv-Zugehörigkeiten das „Ich-bin" setzte, die Individualität. Dadurch wird er eine „innere Erfahrung"[119], zugleich der größte Religionslehrer, der mit seinem Opfertod „hineinwirkt in das Karma der ganzen Menschheit. Er konnte das Karma der

---

113 Ebenda, S. 27.

114 Ebenda. Hier auch das folgende Zitat.

115 Ebenda, S. 29.

116 Rudolf Steiner, Über das Wesen des Christentums, S. 95.

117 Rudolf Steiner, Von Jesus zu Christus, S. 31.

118 Rudolf Steiner, Das Johannes-Evangelium (1908), GA, Bd. 1103, Dornach 1995, S. 57. Hier auch das folgende Zitat.

119 Helmut Zander, Anthroposophie in Deutschland, Bd. I, S. 796.

ganzen Menschheit tragen helfen"[120], eine Formulierung, die an Wagners These erinnert, Christus habe das ganze Leid der ganzen Menschheit getragen und dadurch die Erlösung bewirkt. Was Christus tat, so Steiner, sei vorbereitet worden durch die anderen, vorausgegangenen Lehrer wie Buddha und Zarathustra. Christus sei „Träger der Erdentwicklung" gewesen, „Erdgeist" und die Erde „sein Leib." Sein Tod mit der Wiederauferstehung und Golgatha werden bei Steiner zum Symbol des Christentums als einer Universalreligion. „Alle Einzelinteressen fließen hin mit dem Blute Christi am Kreuz[121], was heißt, dass alle Individuen in Christus vereint sind. Wagners Auffassung, dass das Blut Christi für alle geflossen sei, kommt einem in den Sinn. Denn für beide, für Steiner wie Wagner, war der Opfertod Christi eine Tat der göttlichen Liebe, von solcher Intensität, dass der Mensch dies zunächst nicht erfassen kann; aber erst durch diesen Opfertod Christi „allein ist die Freiheit des Menschen, vollständige Würde erst möglich geworden. Dass wir freie Wesen sein dürfen, das verdanken wir einer göttlichen Liebestat [...] Den Freiheitsgedanken sollten die Menschen nicht ergreifen können ohne den Erlösungsgedanken des Christus."[122]

Steiner verbindet dies mit seiner eigenen Vorstellungswelt, und wie er das macht, möge ein letztes, längeres Zitat zeigen: „Die Bahn ist frei geworden für das, was die Geisteswissenschaft (d.i. die Anthroposophie, U.B.) will. Sie will zeigen, was seit dem Eintreten des Christus in jedem Menschen an tieferen Kräften liegt, die der Mensch entwickeln kann. Dadurch erlangt dann der Mensch, nicht in der Tiefe von äußerlich veranstalteten Mysterien, sondern im stillen Kämmerlein durch den Anblick dessen, was in Palästina geschehen ist, und durch die Hingabe an dieses Ereignis das, was die Mysterien-Schüler in den Mysterien erlangten, was die Anhänger des Mithra-Dienstes erlangten. Indem der Mensch den Christus in sich selbst erlebt, erlebt er das, wodurch sein Mut und seine Tatkraft wächst, wodurch das Bewußtsein seiner Menschenwürde wächst, daß er weiß, wie er sich im richtigen Sinne in die Menschheit hineinzustellen hat. Und er erlebt zu gleicher Zeit das, was Anhänger der griechischen Mythen erleben konnten: die allgemeine Liebe.

[120] Ebenda, S. 795.

[121] Ebenda, S. 794.

[122] Rudolf Steiner, Von Jesus zu Christus, S. 226.

Denn was im Christentum lebt als die allgemeine Liebe, umfaßt alle äußeren Wesenheiten. Und er erlebt zugleich die Furchtlosigkeit und weiß dadurch, daß er niemals Furcht zu haben braucht, nicht zu verzweifeln braucht vor der Welt, und erkennt – freiheitsvoll und zugleich in Demut – die Hingabe an die Geheimnisse des Weltalls."[123]

Das kann der Mensch erkennen, wenn er das Christentum als „mythische Tatsache" versteht und Christus zuerst in seinem Inneren erkennt. „Die Christus-Idee wird in sich selbst die fruchtbarsten Keime tragen, um die Menschheit nicht bloß zu der Auffassung eines allgemeinen, pantheistischen Weltengeistes zu bringen, sondern dazu, daß der Mensch seine eigene Geschichte so auffaßt: Wie er seine Erde verbunden fühlt mit allem Weltensein, so wird er seine Geschichte verbunden fühlen, mit einem übersinnlichen, übergeschichtlichen Ereignis. Und dieses Ereignis ist, dass das Christuswesen als eine übersinnliche, mystische Tatsache im Mittelpunkt des Menschheitswerdens steht und erkannt werden wird von der Menschheit der Zukunft. [...] Der Christus wird der starke Eckstein der Menschheitsentwickelung bleiben."[124] Und: „Der Mittelpunkt des Christentums ist die Persönlichkeit Jesu Christi. Nicht seine Lehre, sondern seine Person, nicht die frohe Botschaft, die seine Jünger verkündigten, sondern dass sie seine Stimme hörten, dass sie mit ihm in persönlichem Zusammenhang standen."[125]

Schon diese kurze Skizze macht deutlich, dass Christus hier sehr anders gesehen wird als in der katholischen oder evangelischen Theologie. Alle Eigenschaften, die Steiner Christus zuschreibt, lassen sich ohne Schwierigkeiten in der Anthroposophie verorten und haben ihre Wurzeln teilweise in der gnostischen Tradition.[126] Wenn Steiners Christus primär im Innern erfahren werden kann, dann kann er auch Ausgangpunkt für das „Schauen" und jene Meditationen sein, die den Menschen auf die verschiedenen Stufen der Erkenntnis führen. Wenn die Auferstehung Christi „jene Wesens-

---

123 Ebenda, S. 33.

124 Ebenda, S. 35.

125 Rudolf Steiner, Über das Wesen des Christentums. Dreiundfünfzig öffentliche Vorträge und drei Mitgliedervorträge in verschiedenen Städten 1903–1910, GA, Bd. 68a, Dornach 2020, S. 95.

126 Vgl., Micha Brumlik, die Gnostiker. Der Traum von der Selbsterlösung des Menschen, Frankfurt/M. 1992, Kapitel über Rudolf Steiner, S. 347ff.

kernfrage des Christentums"[127] ist, dann kann darin ein Model für die Inkarnation gesehen werden. Steiner schreibt: „Die Reinkarnationslehre ist im Christentum enthalten, nicht als bloße Lehre, sondern als ein Vermächtnis für die Zukunft."[128] Und wenn wir einerseits uns auf Adam zurückführen, andererseits über die Berichte von Paulus verbunden sind mit dem Auferstandenen, dann bestätigt dies die Existenz unseres „verweslichen Leibs durch Adam" und die der nicht verweslichen durch den auferstandenen Christus, also die Existenz der übrigen drei Leiber, des ästhetischen, astralen und des Ich.[129] „Stammt man ab in bezug auf seinen verweslichen Leib vom ersten Adam, so hat man die Möglichkeit, indem man die Wesenheit des Christus zu seinem eigenen Wesen macht, einen zweiten Stammvater zu haben. Das ist aber der, der sich am dritten Tage nachdem der Leichnam des Christus Jesus in die Erde gelegt worden war, aus dem Grabe erhoben hat."[130] Steiners Christus-Auffassung kommt überdies ganz ohne organisierte Kirche aus; die Charakterisierung Christi als einen der herausragenden großen „Meister" hat, wie dies auch bei Wagner der Fall ist, die Individualisierung des christlichen Glaubens zur Folge, d.h. jeder kann sich die Figur Christi so zurechtlegen, wie er sie für seine anthroposophische Weltvorstellung braucht. Und darüber hinaus verweist Steiner selbst für seinen Jesus auf die gnostische Tradition, die er positiv heranzieht. Gegen die neuere Theologie wendet er ein, dass sie nicht imstande sei, die Person Jesu wirklich zu erfassen, dass man vielmehr zurück zu den Gnostikern müsse – er spricht zumeist von Mystikern –, um zu einem angemessenen Verständnis des ‚Erlösers' zu kommen. Die innere Erkenntnis Christi aber sei eine Fähigkeit, die die „alten Gnostiker, die ersten Kirchenväter" bereits besaßen „und diese bezeugten mit den Mystikern des 13. und 14. Jahrhunderts aus ureigenster Erfahrung des höheren Menschen, dass sie Christus in sich erlebt haben als mysthische Tatsache. Die erste Bedingung, um zu verstehen, was auf Golgatha geschehen ist, dass man Christus in der eigenen Seele erlebt."[131] Daraus wird auch abgeleitet, dass nur die Anthroposophen, die

127 Rudolf Steiner, Von Jesus zu Christus, S. 137.

128 Rudolf Steiner, Über das Wesen des Christentums, S. 115.

129 Rudolf Steiner, Von Jesus zu Christus, S. 145.

130 Ebenda, S. 146.

131 Rudolf Steiner, Über das Wesen des Christentums, S. 95.

‚gelernt' haben, hinter der sichtbaren Welt die unsichtbare zu erschauen und zu erfahren, heute gegen eine Welt des Materialismus in der Lage sind, Christus richtig zu verstehen. Anleitung dazu geben die Mystiker, die – ähnlich wie die Anthroposophie – ein Wissen behaupteten, das über das rein empirische hinaus ging und auf Erlösung zielte. Steiner fand dies übrigens auch bei Wagner, den er gleichsam zu einem Vorläufer seines eigenen Denkens machte In einem seiner Vorträge sagte er: „Wenn Richard Wagners Seele nicht herangereift wäre in einer gewissen passiven Weise, wenn er das Mysterium von Golgatha, das Herausfließen dessen, was da heruntertropfte in die geistige Atmosphäre der Erdenmenschheit, nicht in einer gewissen Weise geahnt hätte, so hätten wir nicht von ihm den *Parsifal* haben können, Man kann es lesen bei Richard Wagner da, wo er über die Bedeutung des Blutes Christi spricht."[132]

Die Christologie Richard Wagners

Wagners Christologie ist an anderer Stelle ausführlich behandelt worden[133] und daher soll hier nur so viel zur Sprache kommen wie nötig, um den Vergleich mit Steiner sinnvoll vornehmen zu können.

Das von Steiner immer wieder zitierte mythische Weltbild, auf das die Anthroposophie zurückgreifen soll, weist einige Nähe zu dem auf, was Wagner zum Mythos geschrieben hat. Für Wagner war der Mythos „jederzeit wahr und sein Inhalt [...] für alle Zeiten unerschöpflich. Für den „christlichen Mythos" galt speziell, dass „der Mensch, das von vornherein Unbegreifliche, sich selbst fremd geworden"[134] war, der Opfertod Christi diese Selbstentfremdung aber aufgehoben habe und dadurch Gesetz und Staat „zugunsten einer inneren Notwendigkeit der Befreiung des Individuums durch Erlösung in Gott, aufhob."[135] Auch hier ist die Überwindung einer rein materiellen Existenz die Voraussetzung für jene Erlösung, die durch den Opfertod Christi in die Welt kam, und folglich sieht Wagner die „hinreißende Gewalt des christlichen Mythos auf das

[132] Rudolf Steiner, Von Jesus zu Christus, S. 105f.

[133] Udo Bermbach, Der Wahn des Gesamtkunstwerks, S. 314ff. Vgl. auch derselbe, Houston Stewart Chamberlain, S. 453ff., bes. S. 471ff.

[134] Richard Wagner, Oper und Drama, in: GSD, Bd.4, S. 35.

[135] Ebenda, S. 36.

Gemüth [...] an der von ihm dargestellten Verklärung durch den Tod. [...] So gilt uns der Anblick des Todes als der der wirklichen Erlösung in Gott."[136] Das differiert zwar in der Zielperspektive mit Steiner, aber die Rolle, die Christus zugeschrieben wird, Mittler zu sein zwischen der empirischen und geistigen (religiösen) Welt, ist bei beiden gleich. Ursprünglich hatte Wagner, wie sein Dramenentwurf *Jesus von Nazareth*[137] zeigte, einen Jesus vor Augen, der als ein vorbildlicher Mensch, ein einfacher Mann aus dem Volke, Sozialrevolutionär und Erlöser zugleich war. Ein Prophet, der neue Wahrheiten verkündete, Glauben statt Wissen forderte, zugleich ein Kämpfer war und die Kraft zu seinem Wirken aus sich selbst nahm.

Im Gegensatz zu Steiner hat die Bibelkritik des 19. Jahrhunderts, von Autoren wie David Friedrich Strauß, Ludwig Feuerbach, oder auch Ernest Renan, Wagner nachhaltig geprägt. In Übereinstimmun mit ihnen hat er Christus vor allem als einen vorbildlichen Menschen gesehen, als eine Verkörperung der Einheit des Menschen mit der Natur und die Personifizierung des „Reinmenschlichen"[138] – ein Begriff, der in Wagners Denken eine zentrale Rolle einnimmt. Das Programm dieses Jesus enthielt folgende Ziele: Überwindung des individuellen Egoismus, Liebe als Medium menschlicher Kommunikation, radikale Änderung aller sozialen und politischen Verhältnisse zugunsten einer stärker egalitären Gesellschaft, Herstellung einer gerechten Gemeinschaft – und dies alles, ohne institutionalisierte Kirche und interpretierende Priester. Christus war Wagners Meinung nach für alle Menschen gestorben, gleich welcher Rasse und Hautfarbe, und sein Tod stand für die Überwindung aller Selbstbezüglichkeit. Darin sah er den „allgemein faßlichsten Kern des Christentums."[139]

Christus ist für Wagner ein aus Liebe zur Menschheit leidender, vorbildhafter Mensch mit göttlichen Eigenschaften – gleichsam ein „Eingeweihter" – und sein „zu qualvollem Leid am Kreuz ausgespannter Leib" ist der „höchste Inbegriff aller mitleidvollen

---

136 Ebenda.

137 Richard Wagner, Jesus von Nazareth. Ein dichterischer Entwurf, in: GSD, Bd. 11, S. 273ff. Vgl. dazu Udo Bermbach, Der Wahn des Gesamtkunstwerks, S. 316ff.

138 Der Begriff taucht an verschiedenen Stellen auf, vgl. Udo Bermbach, Richard Wagner in Deutschland, S. 181, Anm. 5.

139 Richard Wagner, Religion und Kunst, in: GSD, Bd. 10, S. 230.

Liebe selbst."[140] Seine „wahre Religion" ist die Verneinung der gegebenen Welt, sein Ziel die Darlegung einer transzendenten Welt: Diese „lebt einzig nur da, wo sie ihren ursprünglichen Quell und einzig richtigen Sitz hat, im tiefsten, heiligsten Innern des Individuums, da, wohin nie ein Streit der Rationalisten und Supranaturalisten, noch des Klerus und des Staates gelangte; denn, dieses eben ist das Wesen der wahren Religion, dass sie, dem täuschenden Tagesschein der Welt ab, in der Nacht des tiefsten Inneren des menschlichen Gemüthes als anderes, von der Weltsonne gänzlich verschiedenes, nur aus dieser Tiefe aber wahrnehmbares Licht leuchtet."[141] Wie bei Steiner lebt die wahre Religion und damit Gott in uns und unserer „inneren Erfahrung". Und ähnlich wie bei Steiner sind die Folgerungen einer Innenwendung der religiösen Erfahrung eine Subjektivierung der Glaubensinhalte, d.h. der Inanspruchnahme christlicher Lehrmeinungen für das eigene Verständnis, bei Steiner für die Anthroposophie.

Die besondere Stellung Christi wird bei Wagner noch dadurch unterstrichen, dass er – wie das bei vielen Theologen des 19. Jahrhunderts der Fall war – scharf zwischen dem Alten Testament und dem Neuen Testament unterschied, denn für ihn war der Gott des Alten Testaments ein Gott der Rache, während der des Neuen Testaments der Gott der Liebe war. Liebe zu den Menschen, Leiden für ihre Sünden und Erlösung ins Jenseits machen diesen Gott aus, der seinen Sohn aus Liebe zur Menschheit geopfert hat. Liebe und Leid werden synonym gesetzt und beides findet Erlösung im Tod: „Erlösung darf man sich nur als Verneinung (des irdischen Lebens, U.B.) vorstellen"[142] – so Wagner im Gespräch mit Cosima.

Es verwundert wenig[143], dass Wagner meint, ein Christentum, welches sich auf den leidenden Christus stütze, sei bisher „noch nicht ins Leben getreten"[144], das „falsche Ineinssetzen von Kirche und Christentum" widerspreche dem Kern der christlichen Bot-

---

[140] Ebenda, S. 215. Siehe für diesen Zusammenhang auch meinen Beitrag „Bayreuther Theologie" in: Richard Wagner in Deutschland, S. 231ff., bes. S. 236ff.

[141] Richard Wagner, Über Staat und Religion, in: GSD, Bd. 8, S. 25.

[142] Cosima Wagner, Tagebücher Bd. II, S. 687 (10. Februar 1881).

[143] Der folgende Absatz ist aus meinem Buch: Richard Wagner in Deutschland, S. 240f. gekürzt übernommen.

[144] Cosima Wagner, Tagebücher, Bd. II, S. 382 (14. Juli 1879). Die folgenden Zitate S. 475 (13.Januar 1880); S. 486 (30. Januar 1880).

schaft, die – „losgelöst von aller Konfession“ – „keinem nationalen Volksstamm eigens an(gehöre): das christliche Dogma wendet sich an die rein menschliche Natur.“[145] Dieses allgemeine christliche Dogma, das sich auf die drei Kardinaltugenden ‚Liebe, Glaube und Hoffnung‘[146] gründet, mündet für Wagner in einen christlichen Glauben, der sich in einigen wenigen ethischen Grundsätzen verdichten lässt, der ohne einen Schöpfergott auskommt und das ‚Göttliche‘ in der Vorbildhaftigkeit der herausragenden Person Jesu Christi begreift, dessen Ziel die Veränderung der gegebenen Welt ist. Erst durch dieses Ziel wird die Religion für Wagner zur „wahren Religion“, von der er meint, dass in ihr und durch sie „eine vollständige Umkehr aller Bestrebungen statt(findet), welche den Staat gründen und organisieren.“[147] Denn die „wahre Religion“ richtet sich in ihrer Verneinung der Gegenwart auf eine andere Welt – eine These, die mit Steiner konform geht – , die aber weder durch Verstand noch durch „intellektuelle Vorstellungsmöglichkeiten“ zu antizipieren ist, sondern nur im Glauben durch den Einzelnen gewonnen werden kann – was wiederum Steiner widerspricht. Wagner öffnet sich – wie Steiner – mit dieser Innenwendung des christlichen Glaubens gnostischem und mystischem Religionsverständnis, das sich von jeher auf solche religiöse Innenschau konzentriert und der organisierten Kirche distanziert gegenüber gestanden hat.[148] Dass Wagner das auch für einen recht verstandenen Protestantismus reklamiert hat, belegt eine Äußerung, die Cosima festgehalten hat: die Lektüre Luthers zeige ihm, „alles von innen, nichts Revolutionäres wie die Franzosen, gewähren, bestehen lassen, kein Bilderstürmen, kein gewaltsames Abschaffen, sondern immer nur das Wort predigen.“[149] Es ist kein Zufall, dass Wagner in seiner geistig-religiösen Autorität für die Wagnerianer von diesen gelegentlich mit Luther verglichen worden ist: „In Martin Luthers und Richard

---

145 Richard Wagner, *Was ist deutsch?* in: GSD, Bd. 10, S. 40.

146 Richard Wagner, *Was nützt diese Erkenntnis?* in: GSD, Bd. 10. S. 259. Vgl. dazu auch Udo Bermbach: *Der Wahn des Gesamtkunstwerks*, S. 330f.

147 Richard Wagner, *Über Staat und Religion*, in: GSD, Bd. 8, S. 20. Die folgenden Zitate S. 20; 25.

148 Micha Brumlik, *Die Gnostiker. Der Traum von der Selbsterlösung des Menschen*, Frankfurt/M. 1992, S. 49ff.; vgl. auch allgemein Christoph Markschies, *Die Gnosis*, München 2001; Kurt Rudolph, *Die Gnosis. Wesen und Geschichte einer spätantiken Religion*, Göttingen 2005.

149 Cosima Wagner, Die Tagebücher, Bd. I, S. 751 (15. November 1973).

Wagners gewaltigen Persönlichkeiten erscheint alle Kraft und Tiefe unseres Volkstums zusammengefaßt und zum Ausdruck gekommen in einem mit elementarer Gewalt wirkenden Ausbruch: ihr Wort entzündet, ihre Faust zerbricht, ihr Fuß zerstritt, was morsch und krank an der seelischen Menschheitskultur, ihr felsenfester Glaube an die Heiligkeit des transzendenten Ideals versetzt Berge und hat sie Saaten in die Welt streuen lassen, die noch in fernster Zukunft Früchte tragen werden."[150] Die Person Christi, die Gegnerschaft zu den Kirchen, die als quasi-weltliche (Macht-)Institutionen verstanden werden, die Reduktion und Konzentration der christlichen Botschaft auf wenige ethische Grundsätze, unter denen das Leiden Christi eine hervorgehobene Stellung einnimmt, die Trennung von AT und NT – mit zunächst antijüdischen, später antisemitischen Konsequenzen – , das Ineinandergreifen von Religion und revolutionärer Vision eines Welt-Veränderungsauftrags – das alles sind Kernpunkte des Religionsverständnisses von Wagner, und sie werden im Bayreuther Umfeld aufgegriffen, weitergedacht und mit unterschiedlichen Akzenten, Uminterpretationen und neuen Eigendeutungen zu popularisieren versucht. Vor allem werden sie zu einem festen Bestandteil, die wachsende Anhängerschar Wagners zu einer Gemeinde zu formieren und damit dem Werk Wagners in dieser Gemeinde eine quasi-religiöse Legitimation zu verleihen.

Dieses Christus-Verständnis von Wagner, das in Ansätzen bei ihm und später bei seinen Bayreuther Interpreten Houston Stewart Chamberlain und Hans von Wolzogen zu einer *Bayreuther Theologie* weiterentwickelt wurde,[151] berührt sich in mancherlei Hinsicht mit dem von Steiner.[152] Gemeinsam ist beiden, dass sie ohne Kirche auskommen, dass sie Christus eine besondere, hervorgehobene Stellung einräumen, dass er das Zentrum der christlichen Religion ist, dass er allen übrigen Religionsstiftern überlegen ist und die westliche (Kultur-)Entwicklung entscheidend bestimmt hat, dass er

---

150 Hermann Seeliger, *Martin Luther und Richard Wagner*, in: Bayreuher Blätter 1917, S. 270.

151 Vgl. Udo Bermbach, Bayreuther Theologie – Arisches Christentum und deutscher Protestantismus bei Houston Stewart Chamberlain und Hans von Wolzogen, in: wagnerspectrum 2/2009, S. 105ff.

152 Steiner hat zeitweilig von zwei Jesusknaben gesprochen. Das ist hier aber unwichtig. Vgl. Helmut Zander, Anthroposophie Bd. I, S. 808f.

der Erlöser ist und seine Lehre durch Rückgriff auf den Mythos ‚richtig' verstanden werden kann. Dieser Christus ist zugleich die Kraft für eine neue Spiritualität, die den modernen Materialismus überwindet und eine geistige Existenz ermöglicht, bei Steiner der „neue Weltenlehrer".[153] Sein Erscheinen auf der Welt hat für diese Welt ein neues Zeitalter eingeleitet. Steiner hat im Zuge seines Nachdenkens über das Christentum dieses zu einer einzigartigen Religion gegenüber anderen Religionen erhoben, auch hier mit Wagner übereinstimmend, und er hat – eine weitere Übereinstimmung mit dem späteren Wagner – die menschliche Seite von Jesus mehr und mehr heruntergespielt zugunsten der göttlichen Natur Christi.[154]

---

[153] Ebenda, S. 812.

[154] Zu den Veränderungen der Christologie bei Steiner vgl. Helmut Zander, Anthroposophie in Deutschland, Bd. I, S. 808ff.

Rudolf Steiners Wagner-Adaptionen

Über Mythos und Mystiker

Steiners Vorträge zu Wagner sind in einem Band der Gesamtausgabe versammelt, der nicht zufällig den Titel *Die okkulten Wahrheiten alter Mythen und Sagen* trägt und in dem im ersten Teil, vor den Wagner-Vorträgen, Vorträge über die *Akasha-Chronik*; *Wolfram von Eschenbach*; *Germanische Mythologie*; die *Mysterien der Druiden und Drotten*; die *Prometheus-Sage*; die *Argonauten-Sage und* die *Odyssee*; die *Siegfried-Sage* und den *Trojanischen Krieg* stehen.[1] Bevor die Wagner-Vorträge genauer dargestellt und analysiert werden, soll hier zunächst noch auf jene Vorträge Steiners eingegangen werden, die zwar nicht nur auf Wagner bezogen sind, in denen er aber immer wieder Bezug auf den Komponisten nimmt und die daher in einem weiteren Sinne mit diesem zu tun haben.

Dass die Wagner-Vorträge in einem Band erscheinen, der allgemein über Mythen handelt[2], hat unter anderem seinen Grund darin, dass für Steiner Mythen alte, vielleicht vorrübergehend verdrängte Wahrheiten enthalten, die zu revitalisieren sich lohnt. Geht man zurück, so Steiner, so erschließen sich aus den Sagen „Weltengeheimnisse" und „tiefer Sinn"[3] und die Sagen „stellen die großen kosmischen Wahrheiten dar."[4] Es gibt drei Ausdeutungen von Sagen: zunächst die exoterisch-wörtliche, dann die allegorische – der Kampf der menschlichen Natur – und schließlich die okkulte, die wieder die wörtliche Auslegung zum Ausgangspunkt nimmt.[5] Es sind die Priester, die in jenen alten Zeiten diese Sagen erzählten, weil es eine Dichtung, „die nicht einen tieferen Sinn hätte, zu jenen Zeiten nicht gibt."[6] Solche Dichtungen sind Ausdruck von Spiri-

---

[1] Rudolf Steiner, Die okkulten Wahrheiten alter Mythen und Sagen, GA, Bd. 92, Dornach 2013.

[2] Aufsätze über Mythen und Mysterien finden sich allerdings auch in weiteren Bänden.

[3] Ebenda, S. 32.

[4] Ebenda, S. 69.

[5] Ebenda, S. 70.

[6] Ebenda.

tualität, die die Welt leitet und lenkt,[7] und Steiner nennt diesen Sachverhalt „Sakramentalismus", was bedeutet. „dass der Mensch das Alltägliche mit spiritueller Weihe erfüllt. Die alten Sagen hatten den Sinn, die Seelen der Menschen in die richtigen Schwingungen zu versetzen, so daß sie mit spiritueller Kraft erfüllt waren."[8]

Im Sakramentalismus „vollzieht sich nicht nur etwas Verstandesmäßiges, sondern es vollzieht sich etwas, was eine reale, okkulte Bedeutung hat." Und so lassen sich die alten Mythen als Beispiele lesen, in denen von entscheidenden Dingen und Ereignissen der jeweiligen Zeit berichtet wird, wobei Steiners Interpretationen der Mythen oftmals – so muss man hinzusetzen – für den Außenstehenden schwer nachzuvollziehen sind. So wird, um ein Beispiel zu geben, über die „germanische Mythologie" gesprochen als wäre das, was Steiner interpretierend mitteilt, empirisch gesichert. Die germanischen Vorfahren gehörten, so Steiner, der „atlantischen Wurzelrasse" an und wenn man weiter zurückgehe, treffe man auf die „lemurische Wurzelrasse", die von den heutigen Menschen in Aussehen und Tätigkeiten sehr verschieden gewesen seien. Sie hatten nicht das, „was wir Gedächtnis, Vorstellung, Verstand nennen; die Lemurier hatten dies erst im Keime entwickelt."[9] Wohingegen die nachfolgende Menschenrasse, die Hyperboräer, mit hoher Spiritualität begabt waren, [...] die wie eine fortwährende Offenbarung von außen vorzustellen ist. Sie wohnten um den Nordpol herum, in Sibirien, Nordeuropa mit Einschluß der Gebiete, die Meer geworden sind." Erst in der lemurischen Zeit fand die Verbindung von Weisheit mit dem Seelischen statt, „so daß wir uns vorher die ganze Geistigkeit der Menschen nebelhaft vorzustellen haben."[10] Die Lemurier waren eine Art Riesen, die sich mit Menschen vermischten, und so entstand die Wurzelrasse der Atlantier. Worauf solche anscheinend empirisch sicheren Beschreibungen basieren, außer auf „Schauungen" Steiners selbst, wird nicht mitgeteilt.

Im Norden habe sich damals, so fährt Steiner fort, eine Art „Nebelwelt" entwickelt, in der Wotan, Wili und We existierten, „die drei großen nordischen Initiierten", Figuren aus dem Erdenreich, ein Geschlecht sehr unähnlich der gegenwärtigen Menschheit, be-

---

7 Ebenda, S. 34.

8 Ebenda, S. 35. Hier auch das folgende Zitat.

9 Ebenda, S. 37. Hier auch das folgende Zitat.

10 Ebenda, S. 38.

herrscht von „einer Allweisheit.“[11] Zugleich habe es zwei Reiche gegeben, Nebelheim und Muspelheim, zwölf Ströme, die sich gestaut hätten und dann zu Eis geworden seien, woraus die Menschen und deren Repräsentant, der Riese Ymir, entstanden seien und die Kuh Audhumbla, die das Tiergeschlecht gebar. Schlägt man nach, etwa bei Jacob Grimm[12], so erfährt man, dass Ymir in der germanischen Schöpfungsgeschichte als das erste Lebewesen gilt, entstanden aus dem Eis der Gletscher von Niflheim und dem Feuer von Muspelheim, ernährt durch die Kuh Audhumbla. Aus seinem Schweiß entstanden ein Sohn und eine Tochter, mit seinen Füßen zeugte er einen sechsköpfigen Sohn. Die ersten Götter, Odin, Vé und Vili töten Ymir und erschufen aus seinen Körperteilen die Welt: sein Fleisch wurde zur Erde, aus seinem Blut wurde das Meer, aus seinen Knochen die Gebirge, aus seinem Haar die Bäume, aus seinem Schädel der Himmel und aus seinem Gehirn die Wolken.

„In dieser urgermanischen Sage“ – schreibt Steiner – „liegt eine alte Weisheit. Es wird uns gesagt, wie später die zwei großen Züge waren, die vom fernen Osten nach dem Westen (und vom Westen nach dem Osten) gegangen sind. Wir haben uns vorzustellen, daß zuerst die keltische Bevölkerung da war, die dann eine Kolonie gebildet hat. Diese keltische Bevölkerung stand ganz unter dem Einfluß ihrer Initiierten.[13] Diese haben fortgepflanzt die ursprüngliche Lehre von Wotan, Wili und We und ihrer Priesterschaft. Die Kelten hatten Priester, die wir Druidenpriester nennen. Diese waren zentriert in einer großen Loge, in der nordischen Loge. Dies hat sich erhalten in der Sage vom König Arthus und der Tafelrunde. [...] Diese Loge bestand noch lange bis in die späteren Zeiten hinein. Aufgelöst wurde sie erst im Zeitalter der Königin Elisabeth.[14] Davon geht alles aus, was wir an altgermanischen Sagen haben. Alle germanische Dichtung geht zurück auf die ursprüngliche Loge von Ceridwen, die auch der Zauberkessel der Ceridwen genannt worden ist.“[15] Verwiesen wird anschließend auf den Zauberer Merlin, der auch der „Zauberer der nordischen Loge“ genannt worden sei.

---

11 Ebenda, S. 39.

12 Jacob Grimm, Deutsche Mythologie, 3 Bde. Berlin 1875–78 (Nachdruck Berlin 1968).

13 Das sind besonders weise und visionäre Menschen.

14 Elisabeth lebte von 1533–1603.

15 Rudolf Steiner, Die okkulten Wahrheiten alter Mythen und Sagen, S. 39f.

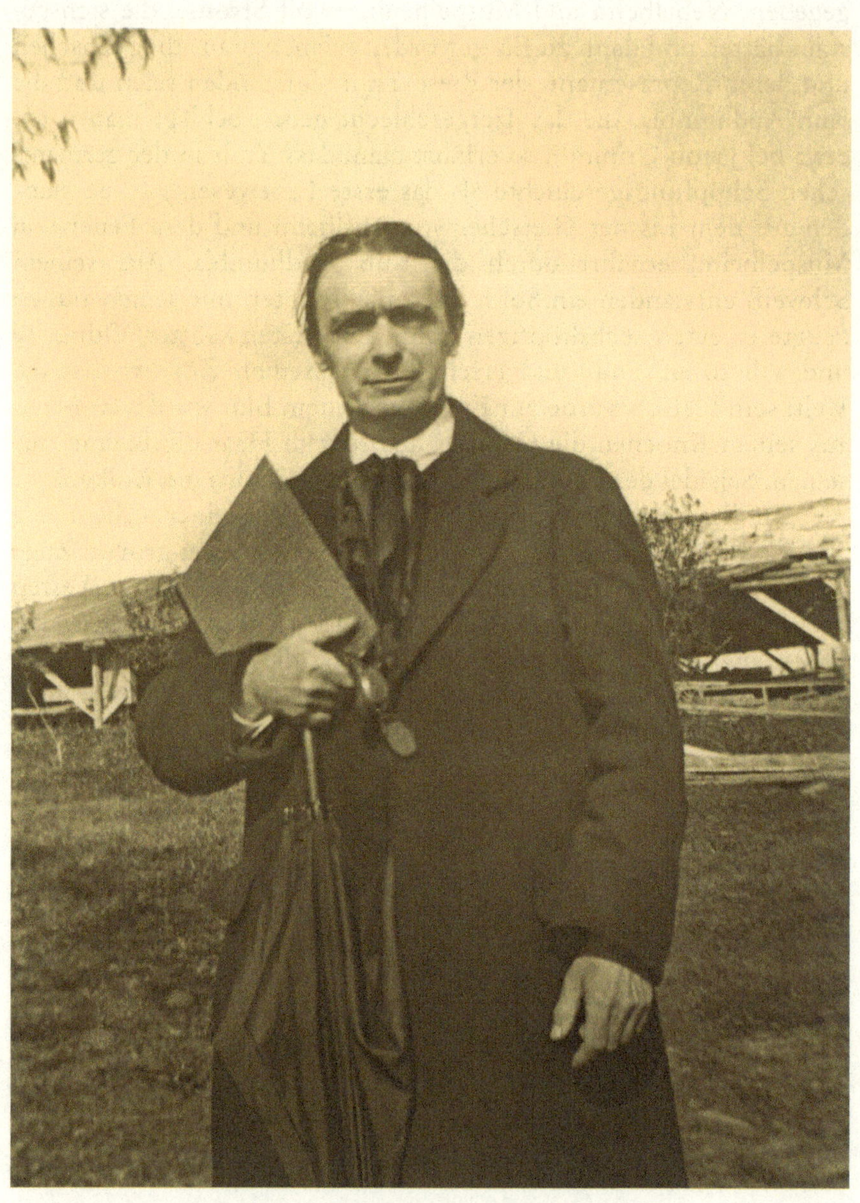

Rudolf Steiner, 1914, Foto M. Becker,
Rudolf Steiner Archiv, Dornach, Schweiz

Steiners Auslegungen des Mythos verfährt nach dem Prinzip, Narration und Personal nach Kriterien und Vorstellungsgehalten der Anthroposophie zu interpretieren. Aus dem anthroposophischen Grundrepertoire werden die tragenden Elemente – Wurzelrasse, atlantische und lemurische Wurzelrasse, Initiierte, Spiritualität usw. – an die mythische Erzählung angelegt, und als Ergebnis ergibt sich folgerichtig, was zuvor an den Mythos angelegt worden ist. Abgesehen davon, dass sich die Frage stellt, wie Steiner, der immer Wert darauf gelegt hat, dass seine Aussagen mit den Ergebnissen der modernen Naturwissenschaften übereinstimmen, die Nachprüfbarkeit seiner Interpretationsdetails nachvollziehbar darlegt, sind die Einzelheiten seiner Interpretationen eher der subjektiven „Schau" ihres Autors geschuldet als einer an Text und historischen Umständen festgemachten Faktizität. Man wird wohl sagen dürfen, dass das, was hier als Interpretation geboten wird, willkürliche Formulierungen sind, die einer sachgemäßen Kritik nicht unbedingt standhalten können. Doch ist das nicht der entscheidende Punkt, denn auch für die oben zuvor skizzierten Vorstellungen der Mehrfachnatur des Menschen, der Wiederkunft nach dem Tode und der Inkarnation lassen sich solche Fragen stellen und kaum beantworten.

Steiners Ausführungen zu den „urgermanischen Sagen" sind hier deshalb so ausführlich zitiert worden, um das Muster zu zeigen, das seinen Interpretationen des Mythos durchgängig zugrunde liegt, auch den Annäherungen an das Werk Wagners, wie zu zeigen sein wird. Doch es gibt auch andere, „okkulte" Herangehensweisen, die Steiner etwa bei der Darstellung der Bedeutung Wolfram von Eschenbachs anwendet. Hier rekurriert er auf die *Akasha-Chronik*, die nach seiner und der Anthroposophen Auffassungen alles enthält, was bisher auf Erden passiert ist, in einer Vollständigkeit, die normale Geschichtsdarstellungen nicht erreichen. In der „Vorbemerkung" zu dieser Chronik heißt es: „Durch die gewöhnliche Geschichte kann sich der Mensch nur über einen geringen Teil dessen belehren, was die Menschheit in der Vorzeit erlebt hat. Nur auf wenige Jahrtausende werfen die geschichtlichen Zeugnisse Licht."[16] Und, so heißt es weiter, die zuständigen Fächer der Altertumskunde, der Paläontologie oder der Geologie, lehren sehr Be-

---

16 Rudolf Steiner, Aus der Akasha-Chronik, GA, Bd. 11, Dornach 2018, S. 7.

grenztes. Hinzu komme, dass die Zeugnisse unzuverlässig seien, was zur Revision der Auffassungen führe, sobald neue Zeugnisse gefunden werden. Doch alles, „was in der Zeit entsteht, hat seinen Ursprung im Ewigen. Nur ist das Ewige der sinnlichen Wahrnehmung nicht zugänglich. Aber dem Menschen sind die Wege offen zur Wahrnehmung des Ewigen. Er kann die in ihm schlummernden Kräfte so ausbilden, dass er dieses Ewige zu erkennen mag."[17] Und auf welche Weise er in den Stand versetzt wird, das Ewige wahrzunehmen, hat Steiner in seiner Anleitung *Wie erlangt man Erkenntnisse der höheren Welten* dargelegt.

Wolfram von Eschenbach – Lohengrin / Tannhäuser

Die Erdentwicklung und die Entwicklung der Menschen von den „atlantischen Vorfahren" über die vierte zur fünften, heute lebenden „Wurzelrasse", die mit vielen Details erzählt wird, soll hier nicht wiedergegeben werden. Wohl aber erwähnt werden muss, dass, wer die *Akasha-Chronik* lesen kann, erstaunliches über Wolfram von Eschenbach, den Autor der Lohengrin-Sage, erfährt, „eine große Gestalt, die uns über jene Zeit (9. bis 15. Jahrhundert, U.B.) ungeheuer viel lehren kann, eine Gestalt, die sich dem Beobachter als groß und die sich dem Okkultisten noch gewaltiger darstellt als dem gewöhnlichen Forscher."[18] Er gehört, so Steiner, „zu den großen initiierten Dichtern, die selbstlos genug waren, große gegebene Stoffe zu bearbeiten, und die nicht geglaubt haben, selbst Stoffe erfinden zu müssen. Die großen Dichter wie Homer, Sophokles, Euripides, Aischylos haben niemals nach Stoffen suchen müssen. Zu diesen großen Dichtern gehört auch Wolfram von Eschenbach. Er stellt uns in seinen Werken die innere Geistesgeschichte der Zeit vom 9. bis 13. Jahrhundert dar, die sich äußerlich als Vorbereitungszeit unserer neuen Zeit darstellt, in welcher, wie wir gesehen haben, vorzugsweise alles das studiert wird, was zur äußeren Sinnenwelt gehört."[19] Doch Eschenbach bleibe nicht bei der Sinnenwelt stehen, denn: „Geniale Persönlichkeiten führen hinauf zu Wesenheiten, die hinter den Kulissen arbeiten, bis hinauf zur weißen

---

17 Ebenda, S. 7 f.

18 Rudolf Steiner, Die okkulten Wahrheiten alter Mythen und Sagen, S. 24.

19 Ebenda.

Loge. Der physische Aspekt ist nur die Außenseite. Die Innenseite ist die Arbeit der höchsten Initiierten der weißen Loge und ihrer Sendboten, die hinausgehen in die Welt.“[20] In seinem ersten Vortrag, am 25. März 1905 in einem der größeren Versammlungssäle der Hauptstadt, der außerordentlich gut besucht war, suchte Steiner zunächst eine Einführung in einige Geschichtspunkte der Anthroposophie darzulegen, an die er dann auch mit einer gewissen Lockerheit mit Wagner anschließen konnte. Die erste Erwähnung galt *Lohengrin*, wobei Steiner die ganze Sage und dementsprechend auch das Stück Wagners vom katholischen Glauben geprägt sah. Dieser Sachverhalt erkläre sich dadurch, „dass damals die Sage nur wirken konnte, wenn man sie einhüllte in das Gewand dessen, was damals die Seelen wirklich bewegte.“[21] Als Kern der Sage sieht Steiner die Einweihung eines Cela zum Arhat, eines Schülers des Meisters. Die Stufen dieser Einweihung fasst er so zusammen: „erstens: das Überwinden des Persönlichen, das Freimachen des Gottes in deinem Innern. Zweitens Freiheit von jedem Zweifel, jede Skepsis hört auf. Die Dinge des Geistigen stehen vor deiner Seele als Tatsachen [...]. Die dritte Stufe ist die, wo der Mensch, wie er im gewöhnlichen Leben zu sich ‚Ich‘ sagt, nun zu allen Wesenheiten der Welt ‚ich‘ sagen kann. Auf dieser dritten Stufe bezeichnet man den Cela als Schwan; er wird zum Vermittler zwischen dem Arhat, dem Lehrer, und den Menschen. So stellen sich uns der Schwanenritter dar als ein Bote der großen Weißen Loge; so ist Lohengrin ein Bote der Gralsgemeinschaft.“[22]

Diese weiße Loge kannte man schon im Mittelalter, nannte sie damals allerdings „Die Gralsburg“: „Derjenige, welcher dazumal hinausgesandt worden ist, hieß Lohengrin; er war unmittelbar unterrichtet von einem Hamsa[23] und er unterrichtete Heinrich I., der als Städtegründer bezeichnet wird.“[24] „Die Seele wird in der okkulten Sprache immer durch eine weibliche Persönlichkeit symbolisiert. Elsa von Brabant repräsentiert die Zeitseele.“[25] Der Gesandte

---

20 Ebenda, S. 25.

21 Ebenda, S. 109. Hier auch die folgenden Zitate.

22 Ebenda, S. 110.

23 „Hamsas“ sind „heimatlose Menschen“, „die ihre Heimat nicht auf dieser Welt haben sondern auf höheren Planen wurzeln.“, ebenda, S. 26.

24 Ebenda, S. 26.

25 Ebenda, S. 110.

des Grals, Lohengrin, freit die „Zeitseele" Elsa und verhindert so ihre Vermählung mit Telramund. Lohengrin ist ein „heimatloser Mensch" – wie Hamsa –, also einer, der in höheren Welten lebt, und deshalb darf man ihn auch nicht fragen, wo er herkommt. Er ist mit einer Art von Januskopf behaftet, einerseits muß er nach der okkulten Bruderschaft hinblicken und andererseits nach den Menschen, die er in der physischen Welt führen muß. Richard Wagner hat oft ergreifende Worte gefunden, so zum Beispiel, wenn er Lohengrin singen lässt: Nun sei bedankt, mein lieber Schwan. Da der Schwan – sein Meister, ein Hamsa – ihn verlässt, wird er ganz von der physischen Welt abhängig, einer Welt, die ihm nicht angemessen ist, die nicht seine wahre Welt ist. Denn die liegt auf der „anderen Seite." Daher verschwindet er auch wieder, wenn seine Mission erfüllt ist. Elsas Fragen sind also, so muss man das verstehen, nur ein Vorwand, der Plan zur Rückkehr Lohengrins in jene andere Welt längst gefasst. Steiner versteht die Lohengrin-Sage als Beispiel eines Übergangs von einem Zustand der Menschheit in einen anderen. Dabei wird der Gral, den Lohengrin besingt, zum Anknüpfungspunkt seiner *Parsifal*-Interpretation, der er – worauf noch zu kommen sein wird – einen eigenen Vortrag widmet. Hier erst wird nur angedeutet, worin die Bedeutung des *Parsifal* besteht: Im Mythos vom Geheimnis des Grals, der die Menschheitsentwicklung symbolisiert und in Parsifal, in dem das Gefühl zum Wissen erhoben wird und der durch Mitfühlen wissend wird.

Mit *Lohengrin* soll nach Steiner ein „neuer Kultureinschlag" eingeleitete werden, der etwas „Weibliches" darstellt und sich auch auf die neue bürgerliche Städte-Kultur bezieht. Diese bürgerliche Kultur stelle ein „Höherrücken des Bewußtseins dar, verkörpert in Elsa, die die mittelalterliche Seele sei, während Lohengrin „der Schwan im dritten Grad der Chelaschaft," die neue Kultur aus der Gralsgemeinschaft herüberbringe. Nach diesem Auftrag dürfe nicht gefragt werden, denn das müsse Geheimnis bleiben. Eine neue Bewußtseinsebene werde immer durch die „Einwirkung von großen Eingeweihten"[26] erreicht. Die dritte Stufe schließlich ist die, wo der Mensch, wie er im gewöhnlichen Leben zu sich „Ich" sagt, dies auch nun zu allen Wesenheiten der Welt tut. Auf dieser dritten Stu-

---

[26] Ebenda, S. 111.

fe bezeichnet man in der Mystik den Chela als Schwan."[27] Zur Einweihung eines Chela gibt es die oben erwähnten drei Stufen.

Elsa dagegen verkörpert die mittelalterliche Seele, ist also in ihrer Bewußtseinsentwicklung zurück, während Lohngrin bereits „Schwan im dritten Grad der Chelaschaft" ist. In einem anderen Vortrag heißt es: „Lohengrin [...] ist derjenige Eingeweihte, der die Städtekultur begründete, der von der großen Gralsloge abgesandt wurde, um das Bewußtsein der mittelalterlichen Menschheit zu befruchten. Durch Elsa von Brabant wird das strebende menschliche Bewußtsein charakterisiert, das von der Umwelt, dem Männlichen, befruchtet wird. Das durch Elsa dargestellte Städtebewußtsein soll befruchtet werden durch Lohengrin, durch den heiligen Gral. Die Verbindung Lohengrins mit Elsa von Brabant ist die Verbindung der materiellen Kultur mit der geistigen Aufgabe der fünften Unterrasse."[28].

Der „Initiierte" Wolfram von Eschenbach charakterisiert mit diesem Mythos seine Zeit. Die Gralsritter sind die „weiße Loge", Lohengrins Aufgabe war es, die alten und echten Traditionen des Christentums zu erneuern. Die Gralsritter waren die Hüter des echten Christentums. „Das Leben konnte erst seine Heilung finden, wenn das Wort unmittelbar in den Menschenleib einzog. Dieses Herunterführen des Göttlichen auf den physischen Plan sollte immer wieder erneuert werden durch die weiße Loge. Daher ist die Gralsschale dargestellt als dieselbe Schale, aus der Jesus das Abendmahl gereicht hat und in welche Joseph von Arimathia das Blut auf Golgatha aufgefangen hat. So sollte das Prinzip des Christentums bewahrt werden und fortleben, und neue Kraft soll ihm erteilt werden dadurch, dass in Fortsetzung der Apostel zwölf Gralsritter als Sendboten ausgeschickt werden, um neue Aufgaben zu übernehmen."[29] Es waren die Tempelritter, die nach Meinung von Steiner den heiligen Gral nach dem Berge des Heils, dem *mons salvationis*, „der Einweihungsstätte des Christentums", gebracht hatten. Und von hier sollte eine neue Zeit ausgehen, die durch das Christentum und seine volle Entfaltung geprägt sein würde. Sobald bestimmte astrologische Konstellationen eingetreten seien, das

---

27 Ebenda, S. 110.

28 Ebenda, S. 156. Hier auch die folgenden Zitate.

29 Ebenda, S. 27f.

Sternbild des Wassermann, wird das Christentum erst wirklich aufgehen und das Heidentum mit ihm verbunden sein.[30]

Dies, meint Steiner, sei die Ansicht des Mittealters gewesen und so habe Wolfram von Eschenbach die Geschichte gemeint. „Wer in Richard Wagners Lohengrin zwischen den Zeilen zu lesen versteht, der wird finden, dass Wagner, wenn auch nicht verstandesmäßig, so doch gefühlsmäßig, intuitiv gefühlt hat, dass da etwas Großes vorlag. Daher glaubte er an eine Wiedererneuerung der Kunst durch Anknüpfung an Übermenschliches."[31]

Liest man die hier nur in Kurzform umrissene Darlegung des Lohengrin-Stoffes, wird unmittelbar einsichtig, dass Steiner deren zentrale Elemente in sein anthroposophisches Weltbild einpasst. Dass der Schwan ein „Hamsa" ist, der andere unterrichtet; die Gralsritter jene „Weiße Loge", die für die stete Erneuerung des Christentums zuständig ist; Lohengrin als Gesandter der „Weißen Loge" in eben diesem Sinne wirken sollte; Elsa die weibliche Zeitseele symbolisiert, das alles dient der Einpassung der Geschichte in ein anthroposophisches Verständnis. Mit der ursprünglichen Geschichte, deren Motiv des Schwanenritters sich bis in die griechische und römische Antike zurückführen lässt, hat dies wenig zu tun. Und auch mit Wagners Verarbeitung der Sage gibt es nur marginale Berührungen. Denn dieser hat seinen Lohengrin als „eine durchaus neue Erscheinung für das moderne Bewußtsein"[32] verstanden, als Ausdruck „der Tragik des Lebenselementes der modernen Gegenwart"[33], als eine Parabel für die Lage der bürgerlichen Gesellschaft des 19. Jahrhunderts.[34] Und dies, obwohl ihm die literarischen und mythologischen Vergangenheitsverbindungen durchaus bewusst gewesen sind. Doch war ihm der aktuelle Zeitbezug wichtiger als eine Historisierung des Stoffes, während Steiner die Lohengrin-Sage als eine Parabel der Weltentwicklung für die Zeit nimmt, seit das Christentums in die Welt getreten ist.

---

30 Ebenda, S. 157.

31 Ebenda, S. 28.

32 Richard Wagner, Eine Mittheilung an meine Freunde, in: GSD, Bd. 4, S. 298.

33 Ebenda, S. 297.

34 Vgl. Udo Bermbach, Blühendes, Leid, S. 117ff., wo eine eingehende Interpretation des Lohengrin gegeben wird.

Doch Wolfram von Eschenbach hat die Lohengrin-Sage eher nebenbei erzählt, während die Haupterzählung von *Parzival* handelt. Steiners Behandlung des *Parzival* erstreckt sich über mehrere Vorträge mit jeweils eher kurzen Bemerkungen, was insoweit erstaunt, als doch gerade dieses Stück von vielen Anthroposophen als eine zentrale musikdramatische Komposition mit enger Berührung zu ihrer Weltanschauung angesehen wird. Für Steiner stellt Wolfram von Eschenbach im *Parzival* die Bemühung des Helden dar, „vom Prinzip der weltlichen Ritterschaft zum Prinzip der geistlichen Ritterschaft“[35] aufzusteigen, um auf diese Weise die „geistige Initiation“ zu erreichen. Das erzählt er auf seine ganz eigene Weise; er weist zunächst darauf hin, dass Parzival anfangs dem weltlichen Rittertum angehörte. Sein Vater sei, so Steiner, „durch Verrat bei dem Zug nach dem Orient ums Leben gekommen“, habe da schon nach höherer Initiation gestrebt, musste aber sterben, weil er noch „das Element der alten Initiation“ in sich hatte. Herzeleide, seine Mutter, wollte den jungen Parzival dem weltlichen Rittertum entfremden, setzte ihm eine Narrenkappe auf, doch misslang ihr Plan. Ihr Sohn wurde weltlicher Ritter und kam an den Hof von König Artus. Da er jedoch bestimmt war zur Rettung des Christentums, gelangte er nach Monsalvat, wo der heilige Gral aufbewahrt wurde. Er hatte den Rat mitbekommen, nicht zu viel zu fragen, um innere Ruhe und Frieden zu finden, was dazu führte, dass er beim ersten Besuch von Monsalvat nicht verstand, was er dort sah und auch nicht zu fragen wagte, beim zweiten Mal aber dann Amfortas traf und hier „durch die christliche Initiation höher geführt“[36] wurde.

Ein zweiter Erzählstrang wendet sich auch zunächst dem Mittelalter zu, nennt Wolfram von Eschenbach, geht dann aber über auf die *minne* – die mittelalterliche platonische Liebe, die von Minnesängern vorgetragen wurde. Die Spiritualität des Mittelalters kehrte sich ab, wie Steiner meint, von der sinnlichen Liebe hin zur geistigen, welche die Kreuzfahrer aus dem Heiligen Land mitbrachten. „Auf die Liebe, die nur aus dem Sinnlichen stammt, sah man zu jener Zeitepoche zurück als auf etwas, das überwunden werden sollte.“[37] Das Christentum wollte die Ausgestaltung der Liebe als einer spirituellen Erfahrung, und Wagner sei dieser Tendenz ge-

---

[35] Ebenda, S. 43. Hier auch die folgenden Zitate.

[36] Ebenda, S. 44.

[37] Ebenda, S. 134.

folgt. Vom Süden her gab es einen großen spirituellen Strom: „Ein weltlich-naives Volk wird beeinflußt durch die vom Süden heraufkommende Kultur an der Wende des 12. zum 13. Jahrhundert. Wie eine spirituelle Luftströmung empfand man das Hereindringen einer neuen Kultur“[38], von der Wolfram von Eschenbach tief beeinflusst gewesen sei.

„Die nordische Kultur ist symbolisiert durch die Sage vom Tannhäuser, wo der Impuls auch vom Süden kommt“[39], konstatiert Steiner hart und unzweideutig, und begründet dies damit, dass es in diesem Stück um etwas ganz Neues, um die „höhere Sendung des Christentums“ gehe, um ein Christentum, das „noch einmal geschaffen werden sollte, losgelöst von dem, was es im Süden durchgemacht hatte, ein Christentum in reinerer Gestalt.“ Man habe in jener Zeit die fünfte Unterrasse als einen „Vorboten der Zukunft“ empfunden, man habe gespürt, dass etwas untergehen müsse, was man lange als Wohltat genossen habe, aber stärker sei die Sehnsucht nach Neuem gewesen, nach einem neuen, reinen Christentum. „All dies lebte in Wolfram von Eschenbach“ und es fand seinen Ausdruck im *Tannhäuser*, der ja von der Sinnlichkeit auch genug hatte und nach einer neuen Spiritualität suchte.

Richard Wagner als Mystiker

In einer Reihe von insgesamt sechs Vorträgen hat Steiner sich mit dem Werk von Richard Wagner beschäftigt und zuletzt über Wagners Verhältnis zur Mystik gesprochen, wobei Wagner in seinen übrigen Arbeiten immer mal wieder vorkommt.[40] Dieser letzte Vortrag der Reihe, gehalten am 2. Dezember 1907 in Nürnberg, soll hier am Anfang dieses Abschnittes stehen, weil er das grundsätzliche Verhältnis von Steiner – und damit der Anthroposophie – zu Wagner formuliert und so in gewisser Weise den Rahmen und die Grundlage der Einzelvorträge abgibt.

---

38 Ebenda, S. 136.

39 Ebenda. Hier auch die folgenden Zitate.

40 Rudolf Steiner, Die okkulten Wahrheiten alter Mythen und Sagen, S. 158ff.

Richard Wagner, einer „der größten Künstler der neueren Zeit“[41], gilt Steiner als ein Seelenverwandter, ja fast als ein Vorläufer, weil in ihm „ein ähnliches Element lebt wie in dem, was wir Theosophie, Geisteswissenschaft, nennen.“ „Je tiefer man in das Werk Richard Wagners eindringt“ – heißt es in einem Vortrag vom 19. Mai 1905 – „desto tiefer kommt man auch in theosophisch-mystische Fragen und Lebensrätsel hinein.“[42] Nicht dass Wagner all das, was Steiner aus ihm herausliest, auch bewußt gewesen wäre. „Keinesfalls soll behauptet werden, dass das, was gesagt werden soll, als ausgesprochene Ideen von Richard Wagner gelebt haben.“ Doch gilt, dass die Gesetze, durch die man einen Künstler versteht, nicht dem Bewußtsein des Künstlers entsprechen, man ihn also interpretieren darf nach dem, was man weiß. Und eine zweite Erklärung fügt Steiner an, die Mystik betreffend. Diese bezeichne nicht, wie oft im allgemeinen Sprachgebrauch behauptet, das Dunkle, das Nebelhafte, das bisher Unerklärliche, sondern im Gegenteil das, „was mit den sonnhellsten Begriffen in die Tiefen des Daseins hineinleuchten soll.“

Wahre Mystik ist das Erkennen der Ideen und Vorstellungen einer jenseits des Materiellen liegenden Welt, in die hineinzufinden der Mensch Geduld haben muss. Es bezeichnet die Grundüberzeugung jedes Geisteswissenschaftlers (d.i. Theosophen, U.B.), dass es „hinter unserer physisch-sinnlichen Welt eine unsichtbare Welt gibt und daß der Mensch imstande ist, in diese unsichtbare Welt einzudringen.“[43] Und die großen Mythen sind „von den großen Eingeweihten den Menschen mitgeteilt Erzählungen, hinter denen große Wahrheiten stecken.“[44]

Diese Überzeugung habe, so Steiner, auch Richard Wagner geteilt, und er habe sie auch deutlich ausgesprochen, und zwar vom Gesichtspunkt eines Musikers, „damit andeutend, daß ihm Musik, Kunst mehr wert war als bloße Beigabe zum Dasein, daß sie ihm das wichtigste Lebenselement war.“[45] Wenn er beispielsweise von der symphonischen Musik sagte, sie erscheine ihm wie eine Offen-

---

[41] Ebenda, S. 158. Hier auch die folgenden Zitate, bis auf das extra nachgewiesene.

[42] Ebenda, S. 132.

[43] Ebenda, S. 160.

[44] Ebenda, S. 168.

[45] Ebenda, 160.

barung aus einer anderen Welt und damit meinte, Musik gebe Gefühle wieder, die Verstandesurteile über die Welt nicht aufkommen ließen, dann entsprach diese Haltung der Überzeugung der Mystiker, dass es eine höhere Art des Erkennens gebe, die nicht mit Verstandesbegriffen verbunden sei, und das müsse man ernst nehmen. „Der wahre Mystiker kennt die größere Sicherheit dieses Erkennens, als sie beim Verstandesurteil vorhanden ist, auf diesem Gebiet. [...] Eine flache Schulphilosophie hält diese Sphärenmusik für ein Bild, für ein Vergleich mit irgend etwas. Derjenige aber, der weiß, um was es sich handelt, weiß auch, daß diese pythagoreische Sphärenmusik eine Wirklichkeit ist und daß es eine Ausbildung des Geistes gibt, wo die Klänge dieser Musik zu hören sind."[46]

Bei Wagner sei diese Ausbildung zu finden, weil er zu jenen gehörte, die ‚eingeweiht' waren. Er ahnte, dass wir umgeben sind von Welten geistiger Art, die wir zunächst nicht sehen können, so wie der Blinde umgeben ist von der Welt der Farbe, die er nicht sieht. Wenn seine Augen operiert werden, so dringen Glanz und Farbe und Licht an ihn heran, die ihm zuvor nicht zugänglich waren. Solch eine Eröffnung eines geistigen Sehvermögens gibt es. Nur darauf kommt es an, dass man die höheren Sinne öffnet, dann tritt die höhere Welt aus dem Dunkel heraus."

Eben dies macht Steiner für Wagner geltend, weil er nach dessen Überzeugung zumindest diese unsichtbare Welt geahnt habe. Für ihn „waren die Töne der äußeren Musik ein Ausdruck, eine Offenbarung der inneren Musik, der Welt eines geistigen Klanges, der durch die Welt pulsierenden Harmonie. Das hat er selbst nicht nur einmal gesagt."[47] Als Beleg verweist Steiner auf Wagners Beethoven-Schrift, aus der jener für Steiner entscheidende Absatz hier zitiert sei: „In den Instrumenten repräsentieren sich die Urorgane der Schöpfung und der Natur; das, was sie ausdrücken, kann nie klar bestimmt und festgesetzt werden, denn sie geben die Urgefühle selbst wieder, wie sie aus dem Chaos der ersten Schöpfung hervorgingen, als es selbst vielleicht noch nicht einmal Menschen gab, die sie in ihr Herz aufnehmen konnten."[48] Nimmt man, so kommentiert Steiner, diese Worte Wagners nicht mit dem Verstand auf,

---

[46] Ebenda, S. 161. Hier auch die nächsten Zitate.

[47] Ebenda, S. 162.

[48] Richard Wagner, Eine Pilgerfahrt zu Beethoven, in: GSD Bd. 1, S. 110. Rudolf Steiner, Die okkulten Wahrheiten, S. 162.

sondern mit der in ihr vorherrschenden Stimmung, „dann fühlt man, wie Richard Wagners ganze Seele eingetaucht war in das, was man wahre, echte Mystik genannt hat.“[49] Wagner habe nachgedacht, wo sein Platz sei, er habe immer wieder die „Urzustände menschlicher Entwicklung“[50] bedacht und sei so ein echter Mystiker gewesen. So sehe Wagner seine ganze künstlerische Entwicklung an: „Er ist kein Künstler, der bloß das, was zufällig in der Seele lebt, herausoffenbaren will. Er will die Notwendigkeit des Platzes empfinden, an dem er steht in der Entwicklung. Er sieht zurück in urferne menschliche Vergangenheit, in eine menschliche Vergangenheit, wo es noch nicht gab, was man vereinzelte Kunst nennt.“[51] Sondern wo noch alles eine Einheit war, Religion, Kunst und Wissenschaft, „drei Stämme, im Mysterium in ihrer Wurzel eins.“[52]

Mysterien habe es bei allen Völkern des Altertums gegeben, sie seien die „Überbleibsel alter hellseherischer Erlebnisse der Vorfahren.“[53] Alle germanischen Sagen seien aus ihnen entstanden, zum Teil bei den letzten Nachzüglern der Atlantier. „So erinnert sich der alte Germane der Zeit, da seine Vorfahren drüben im Westen saßen – sie sind nicht vom Osten gekommen –, wie sie nach Westen zogen in der Zeit, als die Nebel das atlantischen Nebellandes sich verdichteten und jene Fluten bildeten, die als Sintflut bekannt sind, wie die Luft rein wurde und das heutige klare Tagesbewußtsein sich bildete. Zurück schaute der alte Germane nach dem Nebelland, nach Nifelheim, und er sagte: Fortgeschritten sind wir aus dem alten Niflheim, zu der jetzigen Welt“[54] Doch ist manches zurückgeblieben und viele sind Geister geworden, weil sie keine physischen Leiber haben.

Steiner malt ein geradezu phantastisches quasihistorisches Hintergrundgemälde, vor dem er dann Wagners *Nibelungen* spielen lässt, und er will auf diese Weise Wagner offenbar eine metahistorische Tiefe ermöglichen, die dieser so nie für sich beansprucht hat und auch nicht haben konnte. Wagner habe, so Steiner, in diese Urzeiten zurückgeblickt, in denen die Künste noch vereint waren

---

49 Rudolf Steiner, Die okkulten Wahrheiten, S. 162.
50 Ebenda, S. 163.
51 Ebenda.
52 Ebenda.
53 Ebenda, S. 169.
54 Ebenda, S. 170.

und er habe geglaubt, dass nach einer Zeit der Trennung der Künste nunmehr ihre erneute Vereinigung anstehe. Sein Gesamtkunstwerk habe eine „religiöse Durchhauchung“[55], weil das Kunstwerk zugleich religiöser Dienst sei. Denn in der Kunst werde die Wahrheit gestaltet und sie stimme das Gemüt religiös. Shakespeare und Beethoven seien Wagners Vorbilder gewesen, sein Werk sei die Synthesis zwischen beiden: „Das war Wagners Gefühl von seiner Mission. Daraus entstand seine Idee von dem Gesamtkunstwerk, das den *ganzen* Menschen in der Kunst hinstellen soll. Er soll so dastehen, wie er sein Inneres durchlebt und er soll die Möglichkeit haben, das was so innerlich lebt, hinaustreten zu lassen als Handlung. Was nicht äußerlich dramatisch sei kann, wird der Musik gegeben. Was die Musik nicht ausdrücken kann, geht in die äußere Dramatik hinein.“[56]

In seinen Musikdramen habe Wagner mehr enthüllt, „als was hier vom Menschen in dieser physischen Welt lebt.“[57] Wagner habe geahnt, dass der „höhere Mensch [...]in jedem menschlichen Innern lebt“ und dieser höhere Mensch stehe „mit den Qualen des Lebens in tieferen Zusammenhängen, als es äußerlich klar werden kann.“ Für Wagner seien „die Töne der äußeren Musik ein Ausdruck, eine Offenbarung einer inneren Musik, der Welt eines geistigen Klanges der durch die Welt pulsierenden Harmonie.“[58]

Weil Wagner in seinem Werk an diese Natur des Menschen anknüpfte, habe er keine Alltagsmenschen brauchen können und daraus erkläre sich auch sein Griff zum Mythos. Denn im Mythos wüchsen die Menschen über sich hinaus, würden größer als es ihrer Physis entspräche. „Im Mythos muß Richard Wagner zu gleicher Zeit – wenn auch nicht verstandesgemäß – die tieferen Weltengesetze, die Gesetze und Wesenheiten der unbekannten Welt durchleuchten lassen durch die dramatische Handlung, durch das musikalische Element. Und das tut er.“[59] So zeige er in seinen Werken die „tieferen Zusammenhänge in der menschlichen Natur“, zeige, wie das „der Seele zugrundeliegende Gesetz von Mensch zu Mensch gehe“, jenseits dessen, was das Auge sehe. Und der Zu-

---

55 Ebenda, S. 164.

56 Ebenda, S. 165.

57 Ebenda. Hier auch die folgenden Zitate.

58 Ebenda, S. 162.

59 Ebenda, S. 166. Hier und auf der folgenden Seite auch die folgenden Zitate.

schauer fühle dies. Etwa, wenn im *Fliegenden Holländer* der Holländer mit Senta auftrete, verbunden durch ein „mysthisches Band“, das für den oberflächlichen Verstand nicht erfassbar sei. Es seien „Bilder einer tieferen Wahrheit“, die Wagner bringe.

Steiner verweist darauf, dass die Theosophie (später: die Anthroposophie) lehre, jede Höherentwicklung sei verbunden mit dem Hinabstoßen des Überwundenen. Mit jedem Aufstieg sei ein Abstieg verknüpft, wobei das Wesen, das aufsteige, das, welches zurückbleibe, erlöse. „Gäbe es dieses Zusammenwirken von Wesen nicht, dann gäbe es in der Welt keine Entwicklung.“[60] Aus solcher mysthischen Grundlage habe Wagner immer die Grundtatsachen seiner Werke geschöpft. Wagner, das ist für Steiner als Künstler und Mensch einer, der „was er tat, mystisch darlegte. Darauf kommt es an.“[61] Er habe seine Sendung „so mystisch (empfunden), dass er sagen konnte: Eine solche Kunst, wie sie in mir als Ideal lebt, muß wieder ein göttlicher Dienst sein. [...] Aus seiner mystischen Erkenntnis geht das hervor, was doch als mystisch-klares Fühlen in allen großen Meistern gelebt hat und was wir empfinden, wenn wir die großen Meister in ein Verhältnis bringen mit und zu der Mystik.“[62]

Es ist der Mythos, der diese Entwicklung aufbewahrt hat. Die Gelehrten sprächen von „dichtender Volksphantasie“, wozu passt, dass Wagener in seinen *Zürcher Kunstschriften* ebenfalls das Volk zur entscheidenden produktiven Kraft macht: „Aller Gestaltungstrieb des Volkes“ – so Wagner – „geht im Mythos somit dahin, den weitesten Zusammenhang der mannigfaltigsten Erscheinungen in gedrängtester Gestalt sich zu versinnlichen.“[63] Das Volk habe jene poetische Kraft, die der Dichter nur noch abschöpfen müsse, das Volk gehe darauf aus, die Einheit seiner Lebenszusammenhänge sich dichtend zu versinnlichen und dieses Volk wolle Dichtung so anlegen, dass daraus normative Lebensorientierung zu gewinnen sei. Dies im Mythos zu verdichten, sei die selbstgestellte Aufgabe des Volkes.

Steiner teilt diese Einschätzung Wagners, und daher sind für ihn alle germanischen Sagen und Mythen Erinnerungen oder Visio-

---

60 Ebenda, S. 167.
61 Ebenda, S. 178.
62 Ebenda, S. 178.
63 Richard Wagner, Oper und Drama, in: GSD, Bd. 4, S. 22.

nen der Vorfahren, sind sie die „letzten Nachzügler der Atlantier.“ Während die Germanen das alte Nifelheim/Nebelland verließen und in eine neue Welt aufbrachen, blieben einige zurück, körperlich wie geistig. „Wunderbare Verwebungen haben wir da vor uns. Nirgends dürfen wir hier pedantisch zu Werk gehen. Wir müssen berücksichtigen, wie ineinanderweben Phantasie und hellseherisches Vermögen, Sage und Tatsache. Wagner habe – so Steiner – deshalb alles, was er tat, mystisch dargelegt. Er habe seine Sendung „so mystisch (empfunden), dass er sagen konnte: Eine solche Kunst, wie sie in mir als Ideal lebt, muß wieder ein göttlicher Dienst sein. [...] Aus seiner mystischen Erkenntnis geht das hervor, was doch als mystisch-klares Fühlen in allen großen Meistern gelebt hat und was wir empfinden, wenn wir die großen Meister in ein Verhältnis bringen mit und zu der Mystik.“[64]

Der Ring des Nibelungen

Wie Steiner das exemplifiziert, soll an seinen Bemerkungen zum *Ring* verdeutlicht werden. Es sind keine systematischen Interpretationen oder gar Analysen, sondern eher assoziative Anmerkungen zu Wagners *opus magnum* über mehrere Vorträge gestreut, eher unzusammenhängend, und doch ergeben sie zusammengenommen ein Bild. Er beginnt damit, dass er ausführt, es habe ehemals Atlantis gegeben, ein Gebiet zwischen Afrika und Amerika. Dieses Atlantis habe eine ganz eigene Atmosphäre gehabt mit entsprechend eigenen Verhältnissen.[65] Die Luft sei erfüllt gewesen von Wasserdampf und Nebel, die Menschen hätten in der Einheit mit der Natur gelebt, seien eingehüllt gewesen in Wasser und Nebel. Weisheit bezogen sie aus der Natur, besaßen hellseherische Kräfte, lebten in inniger Beziehung zu Steinen, Pflanzen und Tieren. Die Quellen sprudelten nicht irgendwie, sondern teilten die Weisheit der Natur an die Menschen mit. In immer neuen Wendungen zeichnet Steiner ein idyllisches, vor Harmonie strotzendes Bild der Natur, die der damalige Mensch genau kannte, gleichsam lesen konnte. Doch änderte sich allmählich alles: die Luft wurde klarer und es entwickelte sich „der Mensch zu seinem heutigen Bewußtseinszustand.“ Diese

64 Rudolf Steiner, Die okkulten Wahrheiten, S. 178.
65 Das Folgende auf S. 168ff.

sehr viel ausführlicher ausgeschmückte Darstellung der gerade vergangenen Zeit vor der Zeit, in dem die Siegfried- und Nibelungen-Sage spielt, gibt den weitgespannten Hintergrund für das Drama der *Götterdämmerung* ab.

In der *Siegfried*-Sage beschäftige sich Wagner, so Steiner, mit der ersten Stufe der modernen Kultur, in der die Menschen Tagelöhner geworden seien, Maschinenarbeit leisteten und, modern gesprochen, entfremdet lebten. Im Unterschied zum Mittelalter, in dem Arbeit und Lebensumfeld, das Dorf oder die Stadt „Ausdruck der Seele“ und sinnvoll gestaltet gewesen waren, die Menschen mit Freude daran lebten. „Das ganze Straßenbild, in der Mitte der Stadt der Marktplatz mit dem Dom, der alles überragte, zu dem alles hintendierte, war ein Ausdruck der Seele. Diesen Gegensatz empfand Wagner.“[66] In der Person des Siegfried habe Wagner den mit der Natur in Harmonie lebenden Menschen im Gegensatz zum lohnabhängigen Arbeiter – er spricht vom Tagelöhner – dargestellt und daraus die Notwendigkeit abgeleitet, nicht nur eine äußerliche Umkehr zu bewirken, sondern vor allem eine innere. Die sollte dann auch eine entsprechende Änderung der praktischen Lebensführung bewirken. Deshalb sei auch das Festspielhaus als „Kunsttempel“ entworfen worden, „in dem das Gesamtkunstwerk die Menschen heben sollte über ihr gewöhnliches Leben. Die neue Zeit gerade brauchte eine solche Stätte der Erhebung, gerade weil das moderne Leben so zersplittert war.“[67]

Mit den *Wibelungen* sei Wagner in „tiefere Schichten seiner Empfindungen“ vorgestoßen. In uralten Zeiten seien die Wibelungen die „geweihten Priesterkönige“ gewesen, und die Erinnerung an sie habe Wagner zur Barbarossa-Sage geführt. Barbarossa sei ebenfalls ein „großer Eingeweihter“ gewesen, der auf seinem Zug ins Morgenland den „heiligen Gral“ von den dortigen Eingeweihten habe holen wollen. Dass ihm die Raben, während er im Berg sitzt, von der Welt berichten, sei ein „altes Symbol der Mysterien“. Denn Raben seien die „unterste Stufe der Eingeweihten“, also „Boten der höheren Eingeweihten“, und Wagner habe hier die „Ablösung der alten Welt“ darstellen wollen; deshalb habe sich Barbarossa zurückgezogen.

---

[66] Ebenda, S. 112. Hier und auf den folgenden Seiten bis S. 115 die kleineren Zitate.

[67] Ebenda.

Dieses Verschwinden der alten Welt und die Heraufkunft einer neuen sei auch das Thema im *Ring des Nibelungen*. Die alte Sage berichte von jenen Räumen, „in denen das Geschick desjenigen Volksstammes lebte, der nach der großen atlantischen Flut als Rest der atlantischen Bevölkerung über Europa und Asien sich verbreitet und die nachatlantische Zeitepoche eingeleitet habe. Die Sage enthalte eine Erinnerung an den großen Eingeweihten Wotan, den Asengott"[68], der noch aus der atlantischen Zeit stamme. An die Stelle Barbarossas trete nun aber Wotan „mit unendlich tiefer, intuitiver Erfassung der alten germanischen Göttersagen", in denen die „Ablösung der atlantischen Kultur, das Hervorgehen der fünften Wurzelrasse aus der vierten", zugleich „die Ausbildung des menschlichen Verstandes, des Selbstbewußtseins" sich vollziehe und die alte Kultur der Atlantier den Europäern gebracht werde. Die Zwerge von Nifelheim seien die Träger des Ich-Bewusstseins, und Wagner stelle Wotan, dem atlantischen Eingeweihten, Alberich gegenüber, welcher der Träger des Egoismus sei. Gold sei in der Mystik das Licht, das zur Weisheit werde. Das von Alberich aus dem Rhein geholte Gold sei jedoch die verhärtete Weisheit. Wasser sei immer das Seelische, das Astrale, woraus das Ego werde und aus Gold die Weisheit des Ich. Alberich entreiße das Gold den Rheintöchtern, die den ursprünglichen, d.h. alten Bewusstseinszustand charakterisierten. „Gleich am Anfang des *Nibelungenringes* tritt uns das ganze Leitmotiv der fünften Wurzelrasse – des nachatlantischen Zeitalters – entgegen: die Geburt des Ich, des Selbstbewußtseins aus dem astralen Element. Das Wasser kennen Sie ja als den okkulten Repräsentanten des Astralen."[69]

In Wagners Seele, meint Steiner, hätten solche Zusammenhänge gelebt und der Komponist habe im Heraufholen des Ich-Bewusstseins das neue Zeitalter „gewaltig gefühlt, gewaltig dargestellt im Beginn des *Rheingold* in den Akkorden in Es-Dur." Wagner habe Urmythen vor sich gehabt und die Kraft und das Leben, das sie erfüllte sei durch ihn wach geworden, „es erklingt und durchdringt den Menschen in diesen alten Sagen."

In der weiteren Entwicklung auf der Erde schlossen die Menschen sich nun von der Natur ab, konzentrierten sich auf sich selbst, entwickelten ihren Egoismus und so ging das brüderliche

---

[68] Ebenda, S. 111.
[69] Ebenda, S. 116.

Zusammenleben über in den Daseinskampf. All das grundiere den *Ring*. So, wie die Menschen sich änderten hin zu egoistischen Individuen, so mussten sich auch die Nibelungen verändern, hin zu einem Ich-Bewußtsein. Das heißt, „sie rissen das an sich, was gemeinschaftlich war, und formten den Ring, der als Ring des Egoismus sie umgibt. Da sehen wir – in einer etwas skizzenhaften Sprache angeschlagen –, wie hereinfließen die wahren Tatsachen in die Welt der Phantasie und wie das Gold, der Überrest der alten Weisheit, die durch den Nebel gewallt ist, wie das weihevolle Ich den Ring um sich konstruiert, wodurch der Kampf ums Dasein entsteht. Das ist die tiefere Grundlage des Mythos vom Nibelungenhort."[70] Dies alles – so Steiner – habe Wagner in seinen Musikdramen zum Ausdruck gebracht, in der großen dramatischen Handlung und in den Tönen seiner Musik, die eine unsichtbare Welt zum Ausdruck bringe, die hinter der sichtbaren sich verberge.

Für die Weisheit stand ursprünglich das Gold, „ein Besitztum des menschlichen Ich." Angesichts der geänderten Lebensbedingungen aber sei die Weisheit, das Gold, im Rhein versenkt worden. Was Wagner aus dem überlieferten Mythos gestaltet habe, sei der Übergang von der alten in die neue Welt: „So hat er in einer modernen Form den Nibelungen-Mythos umgeschaffen und gab uns diesen ganzen Werdegang in seiner Nibelungen-Dichtung. Wir fühlen, wie die neuen Götter, die die Menschheit regieren, ihren Übergang gefunden haben von den alten Göttern."

Wie das alte und das neue Bewusstsein im *Ring* aufeinandertreffen, zeigt Steiner am Beispiel der Stelle, wo Wotan im *Rheingold* auf Erda trifft (RG., 4. Szene). Nachdem Wotan, „selbst angekränkelt von der Ich-Weisheit"[71], selbst nach dem Ring trachtet, tritt Erda vor ihn hin und mit ihr das „uralte, heilige Bewußtsein der Menschheit [...]. In der Erda wird uns dies damalige Bewußtsein (der Atlantier, U.B.), in das alles eingebettet war, geschildert: ihr Schlaf ist Träumen, ihr Träumen Sinnen, ihr Sinnen waltendes Wissen. Eine kosmologische Wahrheit stecke darinnen. Diese Weisheit sei in allem, habe alles geschaffen. Sie lebe in der Quelle, rausche in den Blättern, wehe im Wind. Da finde sich das menschliche Ich darinnen. Da war sie ein allumfassendes Bewußtsein, aus dem alles Einzelbewußtsein geworden ist: waltendes Wissen. Das alte Hellsehen sei ein

---

70 Ebenda, S. 171. Hier auch die folgenden Zitate.

71 Ebenda.

Abbild dieses waltenden Wissens gewesen, der Mensch noch nicht eingeschlossen in seiner Haut. Das Bewußtsein habe alles durchdrungen und Erda habe alles gewußt durch dieses Bewußtsein. Und so können wir Schritt für Schritt überall sehen, wie uns wie ein Abdruck der Urwelt-Weisheit das erscheint, was Wagner aus seiner Intuition hineingenommen hat in den Nibelungen-Mythos.[72]

Wagner ist sich, das betont Steiner mehrfach, der Tiefenstruktur des Nibelungen-Mythos sicherlich nicht wirklich bewusst gewesen, und doch hat er den Übergang zum Ich- Bewusstsein so gestaltet, das es der Lehre der Anthroposophie weitgehend entspricht. Schon im *Rheingold* werde das deutlich, meint Steiner und schreibt: „Versetzen wir uns an den Anfang das *Rheingoldes.* Hören wir nicht den Einschlag des Ich-Bewußtseins in den ersten Tönen, in dem langen Akkord in Es-Dur? Und vernehmen wir nicht, wie aus dem allgemeinen Bewußtsein dieses Sonderbewußtsein auftaucht? So können wir Motiv um Motiv belebt finden durch Wagners eigene Erkenntnis, daß sich in den musikalischen Tönen eine hinter den Erscheinungen der Welt stehende Welt offenbaren lassen, daß er selbst durch seine Praxis die Instrumente benützt als Urorgane der Natur. [...] Sein künstlerisches Schaffen ist eingetaucht in das Wesen der klaren Mystik."[73]

Seinem *Ring des Nibelungen* lege Wagner einen „uralten Sagenstoff" zu Grunde, alte germanische Sagen, „in denen das Geschick desjenigen Volksstammes lebte, der nach der großen atlantischen Flut als Rest der atlantischen Bevölkerung nach Europa und Asien sich verbreitete und die nachatlantische Zeitepoche einleitete."[74]

Diese Sagen erinnerten an den „großen Eingeweihten" Wotan. „Wotan ist ein Eingeweihter aus der atlantischen Zeit, wie alle die nordischen Götter nichts anderes sind als alte, große Eingeweihte." Ab es gibt auch „Eingeweihte", die keine Götter sind, Siegfried zum Beispiel.

Dass Wagner eine Tetralogie komponiert habe, habe seinen tiefen Sinn darin, dass in diesen Dramen die vier Stufen der Entwicklung der Menschheit – Inspiration; Intuition; Erkennen der höheren Welten; Ich-Bewußtsein – sich abbilden, wie sie im Mythos und der menschlichen Evolution vorgegeben sind. „Mit dem Vorspiel

---

72 Ebenda, S. 172.

73 Ebenda, S. 172f.

74 Ebenda, S. 111. Hier auch das folgende Zitat.

stellt sich in den vier Teilen die Entwicklung der Menschen dar; die fünfte Stufe wird das Christentum sein[75], d.h. der *Parsifal.*

Der *Ring des Nibelungen* umfasse die gesamte Erdgeschichte und die der darauf wohnenden Menschen und Wagner habe „die Gestalten seiner Musikdramen zu den Göttern aufsteigen und wieder zu den Menschen herabsteigen lassen, um innerhalb der Menschheit deren Befreiung und Erlösung darzustellen."[76] In Wagners Seele hätten solche Zusammenhänge gelebt und der Komponist habe im Heraufholen des Ich-Bewußtseins das neue Zeitalter „gewaltig gefühlt, gewaltig dargestellt im Beginn des Rheingold in den Akkorden in Es-Dur." Wagner habe Urmythen vor sich gehabt und die Kraft und das Leben, das sie erfüllte, sei durch ihn wachgeworden, es erklingt und durchdringt den Menschen in diesen alten Sagen."[77] In einem so „wunderbaren Kunstwerk" habe Wagner, ohne sich dieser Einzelheiten bewusst zu sein, „die Kraft und Symbolik" gefunden, die Mythen ausdrücken zu können.

Der Tetralogie liege eine Zeit voraus, deren Folgen sich in den vier Dramen des *Ring* zeigten. Steiner beginnt diese Vorzeit mit der Schilderung der Erde, als auf ihr noch die „nordische Urrasse" lebte, deren Eingeweihter Wotan war, der mit seinem Wirken auf das kommende Christentum abzielte. In einer Situation, wo noch die alten keltischen Mythen, die Erzählungen der Druiden vorherrschten, in England bis in die Zeit der Königin Elisabeth, also bis ins 16. Jahrhundert, habe Wotan sich auf seine Aufgaben vorbereitet.

Das wird wie folgt erzählt: „Wotan wird während dieser Zeit viermal höher initiiert. Bei der ersten Initiation, während der ersten Unterrasse, hängt er neun Tage am Kreuz, am Holz der Weltesche. Dann trat Mimi zu ihm und lehrte ihn die Runen. Auch hier bedeutet das Hängen am Kreuz die Erlösung. In der zweiten Initiation gewinnt er den Weisheitstrank, den Gunlöd[78] in einer Höhle bewachte. Er muß als Schlange in diese Höhle dringen. Drei Tage

---

[75] Ebenda, S. 124.

[76] Ebenda, S. 116.

[77] Die kürzeren Zitate auf den Seiten 116 bis 122.

[78] Gunlöd (auch: Gunnlöd) ist ein alkoholhaltiges Getränk, vgl. Jakob Grimm, Deutsche Mythologie, Nachdruck Wiesbaden 1968, Bd. II., S. 753; Gunnlöd kann aber auch eine Riesin sei, mit der sich Odin / Wotan verbindet und die ihm hilft, den Skaldenmet zu rauben, vgl. Jakob Grimm, Deutsche Mythologie, Bd. I., S. 154/276.

verweilt er dort, um den Trank zu gewinnen. In der dritten Initiation, die der dritten Unterrasse entspricht, muß er sein eigenes Auge opfern. Es ist dies das Weisheitsauge der Sagen, das an die einäugigen Zyklopen erinnert, die die Menschen der lemurischen Rasse bedeuten. Dieses Auge ist bei uns längst zurückgetreten. Eine Andeutung ist bei neugeborenen Kindern noch sichtbar. Es ist dies das Hellseherauge. Warum muß Wotan dieses opfern? In jeder Wurzelrasse wird noch einmal kurz wiederholt, was vorher schon durchgemacht wurde. So mußte auch in der dritten Unterrasse das Hellsehen noch einmal geopfert werden, damit das heraufziehen konnte, was in Wotan zuerst aufleuchtete, die verstandesmäßige Weisheit, das Kennzeichen der europäischen Anschauungsweise. Die vierte Initiation Wotans ist mit Siegfried, dem Göttersprößling, dem Wotanssprößling, verknüpft. Menschliche Initiierte treten zum erstenmal an die Stelle des Gottes."[79]

Als Grundmotiv im *Rheingold* bezeichnet Steiner den langsamen Prozess der Herausbildung des Ich-Bewußtseins, das in der Tetralogie gleichsam das vorläufige Ende der Evolution charakterisiere. Dazu gehörten diejenigen Menschen, die im gegenwärtigen Zeitalter als fünfte Wurzelrasse lebten, symbolisiert im Zwerg Mime. In Nifelheim lebt noch dessen Bruder Alberich als eine Vorstufe der heutigen Menschen und aus den dort „brodelnden Wassern und schwebenden Nebeln heraus" werde dann das menschliche Ich geboren. Waren die Menschen zuvor Mann und Weib zugleich, also eingeschlechtig, so werden sie nun in zwei Geschlechter geteilt. Verbunden sind sie durch den Ring, der „die Verbindung der zwei Geschlechter im Physischen ist."[80] Waren die Geschlechter als ungeteilte friedlich und lebten harmonisch, so stehen sie sich jetzt feindlich gegenüber, verkörpert in Fafner und Fasolt. Dass Fafner Fasolt tötet, bedeutet, dass jener das Weibliche in sich tötet, so wie umgekehrt das Männliche im Weib getötet werden muss.

Manche Figuren werden nur kurz erwähnt und erhalten entsprechend kurze Zuschreibungen. So etwa Loki (bei Wagner: Loge), von dem es heißt, er sei noch eine Gottheit der Mondepoche, stelle nun in der neuen Zeit das Unvollkommene, das Böse dar, sei eine Doppelnatur, männlich und weiblich zugleich, befreie Wotan von der Opferung Freyas, die das Bewusstsein des sich Erhaltens

---

[79] Rudolf Steiner, Die okkulten Wahrheiten, S. 117f.
[80] Ebenda, S. 125.

darstelle. Zu Alberich: er verzichte auf die Liebe, weil es ihm um egoistische Macht gehe. Dass es zwischen den Riesen zum Streit kommt, ist Ausdruck ihrer Sonderstellung als Repräsentanten der lemurischen Rasse. Das Schwertmotiv, das an dieser Stelle auftaucht, bezeichnet den Übergang aus der bisherigen Menschheit in eine neue, zum Sondersein und zum Krieg gegeneinander. Wotan gewinnt Klarheit über seine Stellung zur fünften Wurzelrasse.

Der Regenbogen, der eine besondere okkulte Bedeutung hat, bezeichnet den Übergang aus der atlantischen in die nachatlantische Zeit. Mit Rückgriff auf die in der Bibel erwähnte Sintflut deutet die ‚okkulte Wissenschaft' dieses Symbol als Verbindung der Götter mit den Menschen. Wenn Wotan durch Siegfried besiegt wird, bedeutet dies, dass nun der Mensch an die Stelle der alten Götter tritt. Während in früheren Menschheitsabschnitten die Führer aus höheren Welten herabkamen, nehmen nun die Menschen selbst ihr Schicksal in ihre Hand. Führer wird, wer „durch alle Entwicklungsstufen der Menschheit hindurchgegangen ist – nur schneller als die anderen Menschen"[81] – in diesem Falle Siegfried.

Waren bei den Menschen vor dieser Situation Leib, Seele und Geist eins, schafft jetzt die Gottheit den Leib von außen her. In alten Religionen, so Steiner, sei der menschliche Körper oft als Tempel dargestellt worden, an dem die Gottheit von außen schaffe. Den inneren Tempel der Seele solle der Mensch aber selbst schaffen, seitdem er ein Ich geworden sei. „In der schaffenden Gottheit ist die Liebe noch erhalten; sie schafft noch an dem ‚äußeren Tempel'. Das ist im Mythos in der Stelle enthalten, wo Wotan den Riesen den Ring nehmen will und wo ihm Erda erscheint und ihm davon abrät. Erda ist das hellseherische Gesamtbewußtsein der Menschheit."[82] Sie rät ihm, den Ring nicht zu behalten, weil sich erst alles auflösen muss, um sich anschließend erneut, auf höherer Ebene wieder zusammenzuschließen.

Durch die Verbindung Wotans mit Erda wird Brünnhilde geboren, die noch etwas von dem göttlichen Allwissen des Weltbewußtseins in sich trägt. In Siegmund und Siglinde zeugt Wotan die „seelische Zweigeschlechtigkeit[83], die männliche und die weibliche Seele. Hunding dagegen bleibt pure Physis. Da Wotan Siegmund

---

81 Ebenda, S. 122.

82 Ebenda, S. 125.

83 Ebenda, S. 126. Hier auch die folgenden Zitate.

nicht schützen kann, muss er die Leitung an den Sohn Hagens abgeben, an Alberich, „an das Prinzip des niederen Selbst." In der Geschwisterliebe wird das „Unerlaubte" gezeigt. Mit dem Untergang Sieglindes wäre die Erdentwicklung gehemmt. Doch der Entschluss Brünnhildes, Sieglinde zu helfen, rettet den Weitergang. Dass sie auf dem Fels mit der Waberlohe umgeben ist, bedeutend: der Mensch müsse erst durchs Feuer, sich reinigen, bevor er zu einem allumfassenden Bewusstsein zurückfinden könne.

Steiner meint, die nordische Entwicklung, die im *Ring* eine Rolle spiele, habe drei Phasen: die der Zwerge, die der Riesen, die der Menschen und diese drei Phasen habe Wagner auch dargestellt. Die *Walküre* beziehe sich auf die zweite Phase. Erst im *Siegfried* hätten wir die Geburt des Menschen selbst, der in einem langen Weg erst wieder zur reinen Weisheit zurückfinden müsse. „In der *Götterdämmerung*, in dem vierten Teile, ist ausgedrückt, daß in der nordischen Welt der Mensch noch nicht reif war, daß er die vollständige Einweihung noch nicht erlangt hatte."[84]

Für dieses Ziel kommt Siegfried eine besondere Bedeutung zu. Die Siegfried-Dichtung habe Wagner „tief herausgeschöpft aus der Weltenweisheit"[85], meint Steiner, doch dazu „müssen wir anknüpfen an etwas, was die Theosophie zur völligen Klarheit bringt, so widersprechend es der heutigen Wissenschaft auch ist." Siegfried soll die Menschheit wieder hinauf zu Höherem führen. Bei Mime und im Kampf mit Fafner muss er die niedere Natur überwinden. Dass Mime die Tarnkappe schmiedet und für eine Weile hat, bedeutet, dass er ein Magier ist, der Siegfried ebenfalls zu einem Magier machen möchte. Doch der verweigert sich und nach seinem Bad im Blut des erschlagenen Fafners kann er den Weg zu den Eingeweihten gehen, den Weg zu Brünnhilde, dem Allbewußtsein. Mit ihrem Gewinn geht er durch die Flammen der Reinigung, mit dem Töten des Lindwurms hat er seine „niedere Sinnlichkeit" überwunden. Dass er am Ende dann doch sterben muss, hängt damit zusammen, dass er noch in das Irdische verstrickt ist und daran muss er zugrundegehen: „Eine neue Weltanschauung tritt an die Stelle der älteren, nordischen Weltanschauung, die nicht mehr appelliert an das Äußerliche, Sinnliche, sondern nur an das jungfräulich Gebliebene, an die Seele. Brunhilde, die noch mitverstrickt ist an das Äu-

[84] Ebenda, S. 127f.
[85] Ebenda, S. 167f.

ßere, Sinnliche durch ihre Vereinigung mit Siegfried, reitet in das Feuer hinein. Dort herausgeboren wird die Liebe. Es ist dies ein Gedanke, der zunächst noch tragisch ist für den Norden; denn das, was man zu begreifen imstande war, geht zugrunde. Herausgeboren aus dem Feuermeer, der ursprünglichen, jungfräulichen Materie, wird vom Geiste die Liebe. „Et incarnatus est de Spiritu Sancto ex Maria virgine." Aus demselben Element, aus dem vorher der Egoismus, die sinnliche Liebe geboren ist, wird jetzt ein neues Gefühl geboren, das erhaben ist über alles, was verstrickt ist in dem physischen Plan. Die Weisheit geht zurück, um aus dem Teil des Elementes, das sich die jungfräuliche Keuschheit bewahrt hat, die Liebe erstehen zu lassen. Das ist Christus, das christliche Prinzip. Die selbstlose Liebe im Gegensatz zur selbstischen Liebe, das ist die große Evolution, die erkauft wird mit der geheimnisvollen Involution des Todes, dem Untergang des Physischen."[86]

Wenn Siegfried von Hagen, dem Verteidiger des Alten, zwischen den Schultern getötet wird, so „ist das eine sinnbildliche Hindeutung darauf, dass dieser vierten Unterrasse noch etwas fehlt, was erst das Christentum bringen konnte. Einer mußte kommen, der dort unverwundbar war – Christus, der das Kreuz zwischen den Schultern trägt, dort, wo Siegfried getötet werden konnte.[87] Siegfried stirbt also stellvertretend für Christus, ein zweiter Erlösertod, der das Ende der Tetralogie dann auslöst.

Dass die Menschen der *Götterdämmerung* noch nicht die höhere Bewußtseinsstufe erreicht haben, ist Ausdruck dafür, dass ihnen das Christentum noch fehlt, was sich nach Auffassung Steiners auch darin zeigt, dass sich Siegfried mit Brünnhilde nicht vereinigen kann. Die jungfräulich gebliebene Brünnhilde ist das „höhere Bewußtsein"[88], was vermutlich meint, sie wisse, dass das Christentum kommen werde.

Zu Loki schreibt er, der sei noch eine Gottheit der Mondepoche, stelle nun in der neuen Zeit das Unvollkommene, das Böse dar, sei eine Doppelnatur, männlich und weiblich zugleich, befreie Wotan von der Opferung Freyas, die das Bewusstsein des sich Erhaltens darstellt. Zu Alberich: er verzichtet auf die Liebe, weil es ihm um egoistische Macht geht. Und das *Rheingold* insgesamt schildert,

---

86 Ebenda, S. 130.
87 Ebenda. S. 118.
88 Ebenda, S. 128.

wie die Erde in einen neuen Zustand übergehen muss, in einen festen, weshalb Wotan sein Haus zu einer festen Burg umgestaltet. Die Riesen, die es bauen, sind die Menschen der lemurischen Rasse, die noch keine hohe Geistigkeit haben, daher auch auf die Liebe verzichten und sich mit dem Gold und dem Ring zufriedengeben. „Die Liebe kommt erst durch das Christentum wieder hinein.“[89]

Der Wunsch nach höherem Wissen, meint Steiner, führt zum Wunsch nach der jungfräulichen Vereinigung und das dokumentiert sich im Tausch von Roß und Ring (Vorspiel *Götterdämmerung*). Dass Siegfried an Gunthers Hof Brünnhilde vergisst und sich Gutrune zuwendet – wobei der Zaubertrank für einen Augenblick beiseite gelassen werden soll – ist ein Rückfall und eine Verbindung mit dem „niederen Bewußtsein“. Steiner gibt dafür die Erklärung, daß in der letzten Phase, vor der Ausbreitung des Christentums, „der Mensch noch einmal dem nicht reinen Pfade, den dunklen Mächten,“[90] verfällt. So besage das Ende der *Götterdämmerung*, „dass die höhere Weisheit auf Erden verloren geht und die Menschheit nun auf sich selbst angewiesen ist.“ Aber zugleich gehe aus der *Götterdämmerung* ein neues, geistiges Leben hervor.

Intervention

Steiner Sicht auf die Tetralogie ist die des Anthroposophen, d.h. er nimmt die Figuren so, dass sie in seine Vorstellungswelt passen. Gleichwohl fällt auf, dass er nicht alle Personen des *Ring* behandelt und einordnet, sondern einige gleichsam übergeht, wie er auch bestimmte Handlungsabläufe nicht erwähnt. So werden im *Rheingold* nicht nur die Götter und Göttinnen nahezu unbeachtet beiseitegelassen, mit Ausnahme Wotans, dessen Beziehung zur Erda und Freya wenigstens erwähnt wird, was nicht der Fall ist bezüglich seiner Frau Fricka. Auch die Rheintöchter und gar die Menge der namenlosen und geschundenen Nibelungen geraten nicht ins Blickfeld, so wenig wie es eine etwas detailliertere Hinwendung zu Mime, Alberich oder Loge gibt.

Ähnlich verhält es sich auch in der *Walküre* mit Siegmund und Hunding, denen Steiner keine Aufmerksamkeit schenkt, so wenig

---

89 Ebenda, S. 121.

90 Ebenda, S. 129.

wie den acht Walküren. Wer Siegmund ist, welche Rolle er in diesem Drama spielt und wofür die Walküren stehen – das zu erklären bleibt Steiner schuldig.

Auch über *Siegfried* erfährt der Interessierte wenig. Obwohl Siegfried derjenige war, um dessen willen die Wotanstragödie überhaupt begonnen wurde – „Not tut ein Held,/ der, ledig göttlichen Schutzes, / sich löse vom Göttergeschlecht./ So nur taugt er/ zu wirken die Tat, die, wie not sie den Göttern,/ dem Gott doch zu wirken verwehrt." – bleibt er bei Steiner eine eher blasse Figur, und soll doch die Menschheit wieder zu Höherem hinaufführen. Dass er ein Magier ist, glaubt man schwerlich, dass er ein Eingeweihter ist, wird nirgends konkretisiert, und so nimmt man den zweiten Hinweis, er sei überdies ein harmonischer Mensch, im Gegensatz zum Tagelöhner, eher skeptisch auf, weil er ja ohne größere Eroberungen bleibt, also auch ohne jene Führungskraft, die ihm die Seinen dennoch jubelnd bescheinigen.

In der *Götterdämmerung* gibt es zu Gunther, immerhin der König der Burgunder, keine Informationen, und dasselbe gilt auch für Gutrune, die nur mit „niederem Bewußtsein" attributiert wird. Die Nornen erleiden das Schicksal der Rheintöchter, und das Kollektiv der Mannen bleibt dort, wo es von Wagner rausgeholt wird: in den unbekannten Unterkünften.

Angesichts der kunstvollen Konstruktion der Tetralogie durch Wagner, in der die Figuren durch ein enges Beziehungsnetz miteinander verbunden sind und in Rücksicht aufeinander handeln, ist dies erstaunlich. Denn die Vorträge lassen erkennen, dass Steiner die Werke Wagners nicht nur oberflächlich kannte, sondern, wie sich aus einzelnen Hinweisen entnehmen lässt, ziemlich genaue Kenntnisse hatte, die er aber in seiner anthroposophischen Vereinnahmung weitgehend überging.

Man kann nur vermuten, dass all das, was gleichsam ignoriert wurde, in das Konzept einer anthropologischen Weltdeutung nicht wirklich passte. Steiner hat sich offensichtlich, wie oben ja bereits angedeutet, diejenigen *personae dramatis* herausgesucht, an deren Charakter oder Handlungen er Topoi seines Weltverständnisses anheften konnte. Nach diesem Verfahren nähert sich Steiner Wagner und seinen Werken und adaptiert ihn als einen Vorläufer der Anthroposophie.

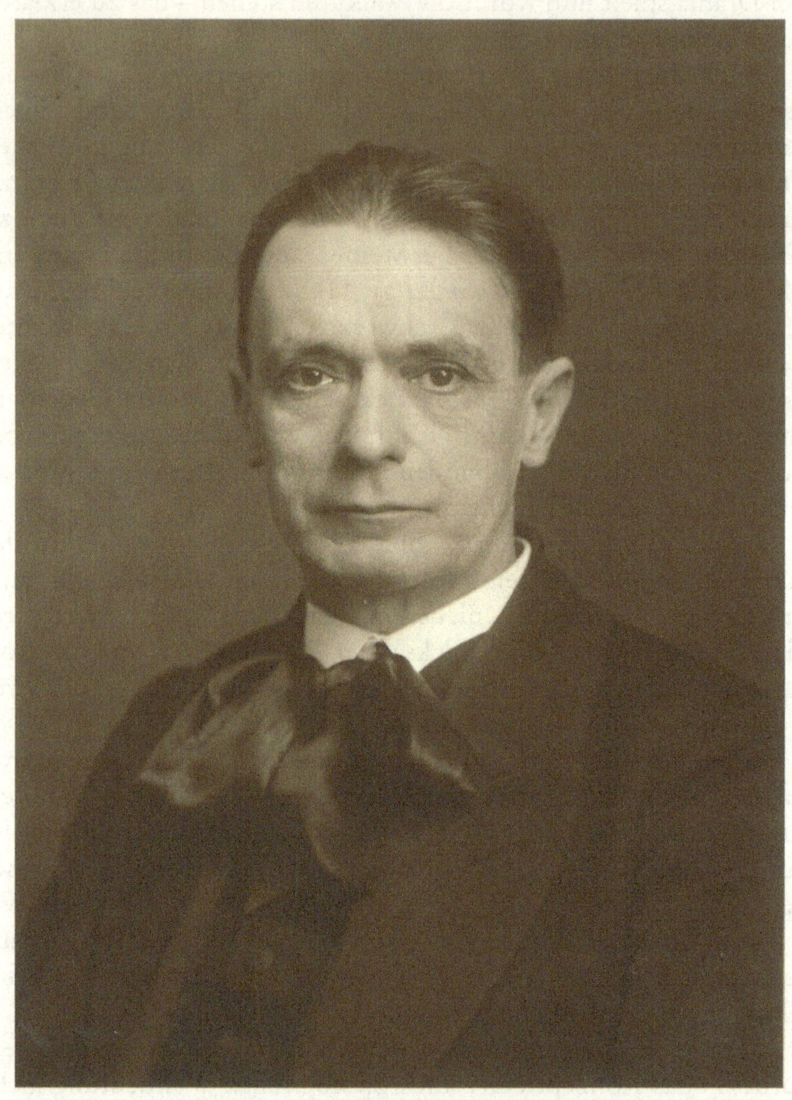

Rudolf Steiner, 1920, Foto Otto Rietmann,
Rudolf Steiner Archiv, Dornach, Schweiz

„Wie Richard Wagner sich sehnte, nachdem er durch die vier Phasen des nordischen Lebens hindurchgegangen war, dieses christliche Prinzip (der Liebe, U.B.) in seiner Tiefe darzustellen, das hat er uns dargetan in seinem *Parsifal* – er bedeutet die fünfte Phase. Weil Wagner das durchlebt hat, was das Tragische war in der nordischen Entwicklung, war ihm die Glorifikation des Christentums ein Bedürfnis.“[91]

Es ist eingangs schon erwähnt worden, dass bereits in der Frühzeit der Entwicklung der Theosophie der *Parsifal* in der Bewegung eine besondere Rolle gespielt hat. Steiner meint, Wagner habe in seinem letzten Werk „ein eminent christliches Drama“[92] geschaffen, das man nur verstehen könne, wenn man die ganze Persönlichkeit des Komponisten wirklich durchdrungen habe, weil für ihn die Gestalt Jesu schon lange ein Beispiel für die „unendliche Liebe“ gewesen sei, wie er sie in einem frühen Drama beschrieben habe. Gemeint ist hier gewiss der Dramen-Entwurf von 1849 *Jesus von Nazareth*, in dem der Gründer der christlichen Religion als ein Sozialreformer dargestellt wird, der aus Liebe zu den Menschen handelt. Steiner weiter: an seinem geplanten Drama *Die Sieger* könne man sehen, „aus welchen Tiefen der Weltanschauung heraus die Intuitionen dieses Dichters geschöpft wurden.“

Steiner verweist, wie schon früher, auf Wolfram von Eschenbach, der „das Mysterium des Parzival“[93] poetisch bearbeitet habe, und zwar „aus dem tiefsten Spirituellen des Mittelalters heraus.“[94] Es gehe um die Unterschiede zwischen einer „weltlichen, sinnlichen Liebe“, wie sie zu Zeiten der Griechen und Römer vorherrschte, und der späteren, durch das Christentum „gereinigten, geläuterten Liebe.“ Der Übergang von der ersteren zur zweiten Art der Liebe sei ein Wendepunkt des geistigen Lebens im Mittelalter gewesen. Hartmann von Aues *Der arme Heinrich* wird als Beispiel genannt, weil dieses Versepos durchdrungen sei von dem asketischen Begriff der Kreuzritter. Hier gebe es das Bild von der reinen Jungfrau, die sich für den kranken Ritter Heinrich opfern wolle,

---

91 Rudolf Steiner, Die okkulten Wahrheiten alter Mythen und Sagen, S. 131.

92 Ebenda, S. 132. Hier auch das folgende Zitat.

93 Ebenda, S. 133.

94 Ebenda. Auch die folgenden Zitate hier.

was dieser ablehne. Nachdem sie zusammen bei einem Arzt in Salerno gewesen seien, wird Heinrich gesund und die Jungfrau bleibt am Leben, beide heiraten.

Aus dem Raum des vorderen Orients seien die kulturellen Impulse des Christentums gekommen und der Norden habe diese aufgenommen. Wolfram von Eschenbach habe ganz unter diesem Einfluss gestanden. Es sei ein „semitischer Impuls“ gewesen, der mit dem Christentum in den Norden gekommen sei, das in der Zeit der Kreuzzüge noch einmal „in reiner Gestalt“ geschaffen werden sollte, womit „etwas ganz Neues kommen sollte, ein neuer Wirbel der Weltkultur begann.“[95] Niedergang und Neubeginn lagen beieinander.

„Nun betrachten Sie die neue Zeit, als der Niedergang gekommen war, so finden Sie etwas von dem, was in Richard Wagner gelebt hat. Mittlerweile war vieles von dem eingetroffen, was man früher als Niedergang der Rasse empfunden hatte. Richard Wagner hat von Anfang seines bewußten Lebens an dieses niedergehende Element besonders lebhaft gefühlt. Für ihn waren viele Symptome dafür da, dass der Niedergang da ist und daß eine Neubildung geschehen muß. Das Chaos, welches uns heute in vieler Hinsicht umgib, die Art und Weise, wie das niedere Volk in unserer Zeit mehr hinsiecht als hinlebt, das Elend der großen europäischen Volksmassen, deren spirituelles Leben im Dunkel bleibt, die abgetrennt sind von aller Bildung, hat niemand tiefer empfunden als Richard Wagner, und daher wurde er im Jahre 1848 Revolutionär. Nicht als gewöhnlichen Revolutionär müssen wir uns Wagner vorstellen, sondern wir müssen ihn so auffassen, dass der Gedanke schwer auf seiner Seele lastete: es ist in unsere Hand gegeben, heute mitzuwirken, entweder den Niedergang zu beschleunigen, das Rad abwärts zu drehen oder aufwärts zu führen.“[96]

Steiner unternimmt es, Wagners „Ideen über die Rassen“ so zu interpretieren, dass der die „hohe Kraft des spirituellen Lebens“ in Indien gesehen habe, im Brahmanentum. Er bekräftigt Wagners Vorbehalte gegen das Töten von Tieren und die Fleischnahrung, wie sie sich in dessen Spätschriften finden,[97] und er interpretiert

---

95 Ebenda, S. 136f.

96 Ebenda, s. 137.

97 Zu den Spätschriften Udo Bermbach, Richard Wagners Weg zur Lebensreform, S. 23ff.

Wagners Haltung zum Judentum: für ihn war Wagner „nicht Antisemit in dem unsinnigen, gehässigen Sinne, wie man ihn heute erleben kann", sondern Wagner habe gefühlt, „dass das Judentum seine Rolle als solche ausgespielt hatte, daß die semitischen Einflüsse auf unsere Kultur verglimmen mußten und etwas Neues an deren Stelle treten mußte. Daher sein Ruf nach Erneuerung. Dies hängt damit zusammen, wie er unsere gegenwärtige Rasse auffaßte. Er sagte sich: Wir müssen einen Unterschied machen zwischen Rassenentwicklung und Seelenentwicklung."[98] Denn während die Seelen sich weiterentwickelt hätten, seien die Rassen in Dekadenz verkommen. Ein Mensch, der solch eine Unterscheidung treffe, könne gar kein Antisemit sein, sagt Steiner, weil er wisse, dass nicht die Seelen in der Weltentwicklung ausgespielt haben, sondern die Rassen. Die Überzeugung vom Niedergang der Rassen und vom Aufstieg der Seelen aber habe Wagner mit Wolfram von Eschenbach und Hartman von Aue geteilt.

Das alles berücksichtigt, erscheint Wagners Parsifal als der Repräsentant des neuen Christentums, als König vom heiligen Gral, der erlöst, was früher unter der Knechtschaft des Sinnlichen gelitten hat und damit ein neues Prinzip der Liebe mitbringt. „Parzival ist der neue christliche Eingeweihte, das große Sinnbild, das die Siegfried-Einweihung ablöst. Siegfried hat die niedere Natur überwunden, den Lindwurm, die Schlange. Parzival wird der Eingeweihte des Grals, der den kennenlernt, der unverwundbar ist da, wo Siegfried noch verwundbar war. Im Parzival wird die ursprüngliche Idee des Christentums zum Ausdruck gebracht. [...] Die Parzival-Initiation ging nur dahin, zu dem Bewußtsein des Zusammenhanges mit Christus zu kommen, die als eine Inkarnation zu betrachten, in der der Mensch durch Mitleid zum Wissen kommt und nicht durch Wissen zum Mitleid, wie es durch die Theosophie geschieht. Die Theosophie lehrt uns zu erkennen, daß wir eins mit allen Menschen sind. [...] Die Theosophie führt durch Wissen zum Mitleid. Aber die Menschheit mußte eine Zeitlang hindurchgehen durch eine Entwicklungsperiode, wo sie durch Mitleid zum Wissen kommen sollte. Sie mußte hinuntersteigen in die Tiefen des Mitleids, weil man auch da zum Wissen kommen kann."[99]

---

98 Rudolf Steiner, Die okkulten Wahrheiten, S. 139.

99 Ebenda, S. 153.

Den Gral interpretiert Steiner als ein Heiligtum der geistlichen Ritterschaft, das die Kraft hat, den Tod abzuwenden und den Rittern jene Spiritualität zu geben, die ihre Seelen aufwärts lenken. Der Gral als das „Symbol für eine allumfassende kosmische Macht", der „gleichzeitig Zentrum eines esoterischen Kultes"[100] ist.

Im *Parsifal* werden, so Steiner, zwei Arten des Christentums dargestellt: das der Ritterschaft des Grals und das von Klingsor mit seinen Rittern. Klingsor habe sich verstümmelt, um nicht der Sinnlichkeit zu verfallen, habe zwar sein Verlangen nicht abgetötet, könne es aber nicht mehr befriedigen. So lebe er nach wie vor im Reich der Sinnlichkeit und an seiner Seite Kundry. In Klingsor sei das mittelalterliche Christentum symbolisiert, das zwar asketisch geworden sei, aber die Sinnlichkeit, die in Kundry personifiziert sei, nicht habe abtöten können. Amfortas wolle durch höhere geistige Erkenntnis in eine neue Spiritualität, doch das gelinge noch nicht, weil er Kundry verfallen sei. So stelle die Parsifal-Sage zwei Erscheinungen des Christentums dar: „auf der einen Seite das Christentum, das asketisch geworden ist, das aber durch die Abtötung der Sinnlichkeit doch nicht höhere, spirituelle Erkenntnis hat erreichen können, auf der anderen Seite die Repräsentanten der geistigen Ritterschaft, welche aber solange immer Klingsors Verführung zum Opfer fallen, wie der Erlöser nicht erschienen ist, der Klingsor besiegt."[101] Dieser Erlöser sei Parsifal, der allerdings zunächst seine Lektionen lernen müsse, wobei Wagner diese Stufen der Läuterung als „okkulte Wahrheiten"[102] beschreibe. Die erste ist die Ausbildung des Mitleids, die zweite die Überwindung des sinnlichen Verlangens und danach blitzt in ihm eine neue Liebe auf, die auch in der *Götterdämmerung* bereits zu sehen war. „Eine solche Seele muß der Mensch in sich erwecken, die nicht die sinnlichen Organe tötet, sondern die alles Sinnliche veredelt, weil aus der jungfräulichen Materie das Ich, der Christus, geboren wird. Der Christus wird in Parsifal geboren."[103]

So ist die Befreiung von der sinnlichen Liebe und ihre Spiritualisierung die Botschaft, die Wagner im *Parsifal* verkündet, eine Botschaft, die schon seit dem *Fliegenden Holländer* all seine Werke

---

100 Volker Mertens, Der Gral. Mythos und Literatur, Stuttgart 2003, S. 227.

101 Rudolf Steiner, Die okkulten Wahrheiten, S. 141f.

102 Ebenda.

103 Ebenda, S. 142f.

durchzieht und die man als „Läuterung des Willens in die höheren Sphären hinein“[104] verstehen muss. Hört man die Musik, verspürt man, so Steiner, etwas von dieser Läuterung.

Für Steiner ist allerdings als Thema schon in *Tristan und Isolde* zentral und wird gleichsam in den *Parsifal* übernommen. „Das Musikdrama *Tristan und Isolde* ist für den, der tiefer schaut, für Wagner noch einmal ein Immer-klarer-Werden des Problems der Zweiheit der Geschlechter. Das Männliche und das Weibliche hat nur Bedeutung für den physischen Plan. In Tristan lebt die Sehnsucht, nicht mehr getrennt zu sein, den Ausgleich zu finden, ein Bewußtsein zu haben, das nicht mehr männlich oder weiblich ist.“[105] In den Schlussworten von Isolde ab „In des Wonnemeeres / wogendem Schwall, / In der Duftwellen/ tönendem Schall, / In des Weltatems / wehendem All – / ertrinken – / versinken – / unbewußt – / höchste Lust! – “ sieht Steiner das „Erlöstsein von dem Sondersein“ der je getrennten Existenz der Liebenden und meint: „Jedes Wort ist herausgeprägt aus einem tieferen Wissen. Die astrale Welt ist dieses wogende Wonnemeer, die in duftenden Tönen erschallende Welt ist Devachan. Das Lebensprinzip ist der Welt-Atem, in ihm muß sich alles ausgleichen. Nicht mehr getrennt im Bewußtsein: im Undifferenzierten ertrinken, versinken, unbewußt, das ist höchste Lust. – Höchste Lust für das Irdische ist es in der Tat, zu überwinden das Sinnliche aus dem Geistigen heraus. Die Lust, die zur Vernichtung des Irdischen strebt, adelt; sie ist die Überwindung dessen, was sie selbst in sich hat. Das ist das Problem, was Richard Wagner zu lösen versucht in *Tristan und Isolde*.“

Man sieht, das Problem Tristans ist auch noch immer das Problem Parsifals, der es aber lösen kann. „Die selbstlose Liebe im Gegensatz zur selbstischen Liebe, das ist die große Evolution, die erkauft wird mit der geheimnisvollen Involution des Todes, dem Untergang des Physischen.“[106]

Wagner wollte, so ein Resümée von Steiner, „aus seiner Kunst heraus einen neuen Impuls schaffen. Die Erlösung der Rasse durch einen neuen spirituellen Inhalt, das war es, was er in seinen Festspielen geben wollte. [...] So zeigt uns das Ereignis Bayreuth den Zusammenfluß zweier Kulturströmungen, das Aufleben der Myste-

---

104 Ebenda, S. 143.

105 Ebenda, S. 129. Hier auch die folgenden Zitate.

106 Ebenda, S. 130.

rien Griechenlands und ein neues Christentum."[107] Nachdem Kunst, Religion und Wissenschaft sich getrennt entwickelt und jeweils einen hohen Stand erreicht hatten, war nun die Zeit ihrer erneuten Vereinigung gekommen: „Die Religion, wenn sie hinaufgeführt ist zu der Höhe der christlichen Weltanschauung, ist bereit, sich wieder zu vereinigen mit der Kunst und der Wissenschaft. Dichtung, Malerei, plastische Kunst und Musik, sie werden erst ihre Höhe erreichen, wenn sie sich wieder vereinigen mit der wirklichen Religion." Wagner war einer der ersten, der diese Notenwendigkeit empfand und diese Vereinigung der Menschheit als eine „neue Weihegabe" dargeboten hat. Er erkannte, daß „Seelenentwicklung und Rassenentwicklung verschiedene Wege gehen müssen, dass es gilt, die Seelen zu erheben und zu erlösen, daß die Auferstehung der Seelen herbeizuführen ist, trotz des tragischen Geschickes, mit dem Körper der Rasse verbunden zu sein, mit dem, was niedergeht. Erklingen lassen die Welt von Tönen, die auf eine neue Zukunft hinweisen, das wollte Richard Wagner durch sein Werk in Bayreuth. Ein kleiner Teil der Menschheit sollte wenigstens auf jene Töne der Zukunft hören."[108]

---

[107] Ebenda, S. 145. Hier auch die folgenden Zitate.
[108] Ebenda, S. 146.

Ad finem

Unter rezeptionsgeschichtlichen Aspekten kommt der Wagner-Adaption von Rudolf Steiner eine Sonderstellung zu. Während normalerweise die Rezeptionen Wagners und seiner Werke sich dadurch auszeichnen, dass die Inhalte seiner Musikdramen möglich konsistent dargelegt und gelegentlich in ihrer historischen oder aktuellen Bedeutung aufgeschlossen werden, handelt es sich bei der Beschäftigung Steiners mit Wagner um ein prinzipiell anderes Vorgehen. Steiner nimmt Wagner als einen Autor, der die Welt bereits in Ansätzen mit den Augen eines Anthroposophen sieht, und dementsprechend versteht er dessen Musikdramen nicht so sehr als autonome Kunstwerke, bei deren Interpretation es um die Aufdeckung interner Schlüssigkeit und externer Bedeutung geht, sondern als in Musik gesetzte Weltanschauung, die dem nahekommt, was die Anthroposophie lehrt. Zugspitzt formuliert: Wagner wird behandelt, als sei er der Musikdramatiker des Anthroposophen Steiner. Schon der geistesgeschichtliche Hintergrund der Werke wird, wie die Behandlung Wagners als eines Mystikers und die von Wolfram von Eschenbach im Kontext des *Parsifal* zeigt, dem anthroposophischen Weltbild eingepasst und es wird behauptet, die entscheidenden Stufen der Weltentwicklung, wie sie die Anthroposophie sehe, ließen sich auch bei Wagner wiederfinden. Um dies plausibel zu erreichen, werden die Figuren der Musikdramen sowie deren Aktivitäten aus dem Werkzusammenhang isoliert und ihr theatrales Tun in seinen Einzelmomenten mit anthroposophischen Grundüberzeugungen korreliert. Angestrebt wird also nicht eine möglichst inhaltsnahe Auslegung der Musikdramen, sondern in der Isolierung einzelner Handlungsakte ein allusionäres Anknüpfen an Momente der vorgegebenen Erzählung, die ihrerseits – jedenfalls für den außenstehenden Nichtanthroposophen – phantasievoll ausgeschmückt wird, doch stets auf der theosophisch vorgegebenen Linie. Steiner ist nicht an der authentischen Geschichte selbst oder ihrer inneren Logik und deren narrativen Stringenz interessiert, sondern er benutzt Wagner als einen noch nicht wirklich wissenden, wohl aber richtig ahnenden, visionären Dichter und Komponisten, dem die ‚Wahrheiten' der Anthroposophie bereits deutlich vor seinem inneren Aug stehen, auch wenn er die treffende Begrifflichkeit verständlicherweise noch nicht kennen konnte.

Steiner zerfällt den Stoff seiner Adaption so in seine Einzelheiten, dass diese als Belege für sein Konzept dienen können. Die Mythen und Sagen, die Wagner musikdramatisch bearbeitet hat, werden zu Materialsammlungen, die sich im vorgefassten Sinne ausschlachten lassen. Mit einer Textanalyse, wie sie in der Wagner-Forschung entsprechend den literaturwissenschaftlichen Kriterien und Methoden üblich sind, hat das nichts zu tun. Doch indem Steiner den Werken Wagners die anthroposophischen Vorstellungen zuschreibt, erhält er als Ergebnis, was durch die Zuschreibung zustande kommt: es ist ein Zirkelbeweis, eine *petitio principii*, bei dem das, was bewiesen werden soll, bereits als Grundlage des Beweisverfahrens vorausgesetzt wird.

Angesichts dieses ‚Interpretationsverfahrens' ist es nicht verwunderlich, dass die Wagner-Forschung bisher die Wagner-Adaptionen von Steiner weithin ignoriert hat. Denn das, was Steiner zu Wagner sagt und schreibt, fügt sich nicht in die üblichen Interpretationsschemata, die bei der Auslegung und in der Beschäftigung mit Wagner genutzt werden. Steiner steht mit seinen Ansichten zu Wagner so sehr außerhalb dessen, was üblicherweise in der Beschäftigung mit Wagner geübt wird, dass seine ‚Ergebnisse' nicht sinnvoll in die allgemeine Wagner-Forschung eingebracht werden können. Da es ihm primär darum geht nachzuweisen, dass Wagner in seiner künstlerischen Sensibilität all das vorweggeahnt hat, was die Anthroposophie, später entworfen und geformt von Steiner, dann weltanschaulich ausformuliert hat, bleiben seine Vorstellungen für sich stehen, außerhalb des breiten Stroms der Wagner-Forschung, lediglich Beleg für die eigenen Ansichten, die als objektive ausgegeben werden. An die allgemeine Wagner-Forschung sind sie nicht anschlussfähig.

Gleichwohl ist Steiners Wagner-Auffassung angesichts der Bedeutung, die die Anthroposophie auch heute noch hat, selbst von einiger Bedeutung. Für die Rezeptionsforschung ist sie angesichts ihrer Sonderstellung eine äußerst interessante Variante, die nicht ignoriert werden sollte. Zumal zu unterstellen ist, dass die auch heute noch beträchtliche Zahl von Anthroposophen, sofern sie an Wagners Musikdramen interessiert sind, Steiners Adaptionsvorgaben weithin folgen.

Zugleich ist Steiners Wagner-Auffassung ein eindringliches Beispiel dafür, was verschiedene Rezeptionsanstrengungen in Wagner hineininterpretieren können und wie sehr dieser bedeutende Komponist und Dichter für die verschiedensten Zwecke ausgebeutet werden konnte. Vermutlich sind keinem anderen Komponisten so viele weltanschaulich unterschiedliche Interpretationen und Vereinnahmungen angetan worden wie Richard Wagner. Solches Zurechtbiegen und zweckgesteuerte Einpassen in vorgegeben ideologische Muster, das schon zu Lebzeiten des Komponisten begonnen hat, wird sich auch in Zukunft nicht verhindern lassen. Umso wichtiger ist es, dass immer wieder die ursprünglichen Intentionen Wagners herausgestellt werden; angesichts der vielen Selbstkommentare Wagners zu seinen Werken keine allzu schwere Arbeit.

Literaturverzeichnis

Im Folgenden werden keine Aufsätze nachgewiesen, sie stehen in den Fußnoten. Wagners Werke werden nach der Ausgabe der *Gesammelten Schriften und Dichtungen* zitiert, hier: GSD

Appia, Adolphe, Elsa Ctacuzène, *Die Musik und die Inszenierung*, München 1899, Faksimilenachdruck 2017.

Udo Bermbach, *Theorie und Praxis der direkten Demokratie. Texte und Materialien zur Räte-Diskussion*, Köln/Opladen 1973.

Udo Bermbach, *Blühendes Leid. Politik und Gesellschaft in Richard Wagners Musikdramen*, Stuttgart/Weimar, 2003.

Udo Bermbach, *Der Wahn des Gesamtkunstwerks. Richard Wagners politisch-ästhetische Utopie*, Stuttgart/Weimar 2004.

Udo Bermbach, *Richard Wagner in Deutschland. Rezeption – Verfälschungen*, Stuttgart/Weimar 2011.

Udo Bermbach, *Houston Stewart Chamberlain. Wagners Schwiegersohn, Hitlers Vordenker*, Stuttgart/Weimar 2015.

Udo Bermbach, *Richard Wagners Weg zur Lebensreform*, Würzburg 2018.

Albert Bielschowsky, *Goethe. Sein Leben und seine Werke*, 2 Bde., München 1895/1903.

Michael Brumlik, *Die Gnostiker. Der Traum von der Selbsterlösung des Menschen*, Frankfurt/M. 1992.

Kai Buchholz/Rita Latocha/Hilke Peckmann/Klaus Wolbert (Hrsg.), *Die Lebensreform. Entwürfe zur Neugestaltung von Leben und Kunst um 1900*, 2 Bde., Darmstadt 2001.

Houston Stewart Chamberlain, *Goethe*, München 1912.

Gernot Giertz, *Kultus ohne Götter. Emile Jacques-Daleroze und Adolphe Appia. Der Versuch einer Theaterreform auf der Grundlage der rhythmischen Gymnastik* München 1975.

Ernst Haeckel, *Die Welträtsel. Gemeinverständliche Studien über Monistische Philosophie*, Leipzig 1909.

Heinz Kindermann, *Das Goethebild des zwanzigsten Jahrhunderts*, Darmstadt 1966.

Thomas Koerner, *Steiners Mysterientheater*, Altendorf 1982.

Eberhard Kolb, *Die Arbeiterräte in der deutschen Innenpolitik 1918–1919*, Düsseldorf 1962.

Christoph Lindenberg, *Rudolf Steiner. Eine Chronik 1861–1925*, Stuttgart 1988.

Joachim Luttermann, *Dreigliederung des sozialen Organismus. Grundlinien der Rechts- und Soziallehre Rudolf Steiners*, Frankfurt/M. 1990.

Karl Robert Mandelkow, *Goethe im Urteil seiner Kritiker. Dokumente zur Wirkungsgeschichte Goethes in Deutschland*, 4 Bde., München 1979.

Christoph Markschies, *Die Gnosis*, München 20012.

Volker Mertens, *Der Gral. Mythos und Literatur*, Stuttgart 2003.

Max Nordau, *Entartung*, Berlin 1892; eine Neuauflage ist seit 2013 verfügbar.

Uwe Puschner/Walter Schmitz/Justus H. Ulbricht (Hrsg.), *Handbuch der völkischen Bewegung*, München 1996.

Alex Ross, *Die Welt nach Wagner. Ein deutscher Künstler und sein Einfluss auf die Moderne*; Hamburg 2020.

Kurt Rudolph, *Die Gnosis. Wesen und Geschichte einer spätantiken Religion*, Göttingen 2005.

Edouard Schuré, *Die Kinder des Luzifer*, Leipzig 1905.

Edouard Schuré, *Die großen Eingeweihten. Mit einem Vorwort von Rudolf Steiner*, Leipzig 1909.

Georg Simmel, *Goethe*, Leipzig 1913.

Rudolf Steiner, *Goethes naturwissenschaftliche Schriften*, GA., Bd. 1, Dornach 1973.

Rudolf Steiner, *Die Philosophie der Freiheit. Grundzüge einer modernen Weltanschauung. Seelische Beobachtungsresultate nach naturwissenschaftlicher Methode*, GA., Bd. 4, Dornach 2021.

Rudolf Steiner, *Goethes Weltanschauung*, GA., Bd. 6, Dornach 1963.

Rudolf Steiner, *Die Mystik im Aufgang des neuzeitlichen Geisteslebens und ihr Verhältnis zur modernen Weltanschauung* GA., B. 7, Dornach 1960.

Rudolf Steiner, *Das Christentum als mystische Tatsache und die Mysterien des Altertums*, GA., Bd. 8, Dornach 1959.

Rudolf Steiner, *Aus der Akasha-Chronik*, GA., Bd. 11, Dornach 2018.

Rudolf Steiner, *Die Stufen der höheren Erkenntnis*, GA., Bd. 12, Dornach 1993.

Rudolf Steiner, *Die Geheimwissenschaft in Umrissen*, GA., Bd. 13, Dornach 2021.
Rudolf Steiner, *Kernpunkte der sozialen Frage*, GA., Bd. 23, Dornach 1976.
Rudolf Steiner, *Grundlegendes zur Erweiterung der Heilkunst aus geisteswissenschaftlichen Erkenntnissen*, GA., Bd. 27, Dornach 1984.
Rudolf Steiner, *Das Wesen der Anthroposophie*, GA., Bd. 80a, Dornach 2919.
Rudolf Steiner, *Die okkulten Wahrheiten alter Mythen und Sagen*, GA., Bd. 92, Dornach 2013.
Rudolf Steiner, *Das Johannes-Evangelium*, GA., Bd. 103, Dornach 1995.
Rudolf Steiner, *Die Apokalypse des Johannes*, GA., Bd. 104, Dornach 2001.
Rudolf Steiner, *Das Johannes-Evangelium im Verhältnis zu den drei anderen Evangelien, besonders zum Lukas-Evangelium* GA., Bd. 112, Dornach 1984.
Rudolf Steiner, *Das Lukas-Evangelium*, GA., Bd. 114, Dornach 2001.
Rudolf Steiner, *Das Matthäus-Evangelium*, GA., Bd. 123, Dornach 1980/1988.
Rudolf Steiner, *Über die Dreigliederung des sozialen Organismus und zur Zeitlage*, GA., Bd. 124, Dornach 1982.
Rudolf Steiner, *Von Jesus zu Christus, Ein Zyklus von zehn Vorträgen*, GA., Bd. 131, Dornach 1988.
Rudolf Steiner, *Eurythmie als sichtbare Sprache. Laut-Eurythmie-Kurs*, GA., Bd. 179, Dornach 1993.
Rudolf Steiner, *Die soziale Frage als Bewußtseinsfrage*, 3 Bde., GA., Bde. 189/190/191, Dornach 1980/1989
Rudolf Steiner, *Die Entstehung und Entwicklung der Eurythmie*, GA., Bd. 227a, Dornach 1998.
Rudolf Steiner, *Eurythmie. Die Offenbarung der sprechenden Seele. Eine Fortbildung der Goetheschen Metamorphosenanschauung im Bereich der menschlichen Bewegung*, GA., Bd. 277, Dornach 1980.
Rudolf Steiner, *Erziehungskunst. Methodisch-Didaktisches*, GA., Bd. 294, Dornach 1990.

Erwin Streitfeld, *Karl Julius Schröer 1825–1900. Beiträge zur Kenntnis seines Lebens und seiner Werke*, Graz 1970; Budapest 1986.

Heiner Ullrich, *Rudolf Steiner. Leben und Lehre*, München 2011.

Helmut Zander, *Anthroposophie in Deutschland*, 2 Bde., Göttingen 2007.

Helmut Zander, *Rudolf Steiner. Die Biographie*, München 2011.

Guenther Wachsmuth, *Rudolf Steiners Erdenleben und Wirken. Von der Jahrhundertwende bis zum Tode. Die Geburt der Geisteswissenschaft*, Dornach 1951.

Cosima Wagner, *Die Tagebücher*, Bd. 1 1869–1877, Bd. 2 1878–1883, ediert und kommentiert von Martin Gregor-Dellin und Dietrich Mack, München/Zürich 1976.

Richard Wagner, *Eine Pilgerfahrt zu Beethoven*, in: GSD, B. 1, Leipzig 1907.

Richard Wagner, *Eine Mittheilung an meine Freunde*, in: GSD, Bd. 4, Leipzig 1907.

Richard Wagner, *Oper und Drama*, in: GSD, Bd. 4, Leipzig 1907.

Richard Wagner, *Über Staat und Religion*, in: GSD, Bd. 8, Leipzig 1907.

Richard Wagner, *Religion und Kunst*, in: GSD, Bd. 10, Leipzig 1907.

Richard Wagner, *Heldenthum und Christenthum*, in: GSD, B. 10, Leipzig 1907.

Richard Wagner, *Was ist deutsch?* in: GSD, Bd. 10, Leipzig 1907.

Richard Wagner, *Was nützt diese Erkenntnis?* in: GSD, Bd. 10., Leipzig 1907.

Manfred Wenzel, *Goethe Handbuch, Supplement Bd. 2, Naturwissenschaft*, Stuttgart/Weimar 2012.

Zu danken habe ich Herrn Stephan Widmer und Frau Silvana Gabrielli vom Rudolf Steiner Archiv in Dornach, Schweiz, die mir beide auf Sachanfragen wie auf meine Bitte um Bilder freundlich geholfen haben.